Die Paulusbriefe und die Anfänge der christlichen Publizistik

Die Paulusbriefe und die Anfänge der christlichen Publizistik

David Trobisch

From the Scholar's Desk
Bolivar, Missouri
2010

David Trobisch ©2010. Das Werk ist urheberrechtlich geschützt. Nachdruck der ersten Ausgabe (Gütersloh: Kaiser, 1994).

Anfragen sind zu richten an:
> From the Scholar's Desk
> (An Imprint of Quiet Waters Publications)
> P.O. Box 34, Bolivar MO 65613-0034
> Email: QWP@usa.net
> www.fromthescholarsdesk.com

ISBN 9781931475464
Library of Congress Control Number: 2009913043

Inhalt

Die ältesten erhaltenen Ausgaben der Briefe des Paulus

Einleitung 11
Die Handschriften 17
Der Archetyp 33
Die Kanonische Ausgabe 43

Charakteristische Eigenschaften der Paulusbriefe

Briefformular 46
Autographische Subskription 47
Situationsbezogene Angaben 52
Fehlende Briefe 56
Wechselnde Bewertung des Adressaten 58
Unerwartete Exkurse 59
Wechsel im Stil 65
Anachronismen 66
Konkurrierende Erklärungsmodelle .. 69

Die Briefe des Paulus im Lichte antiker Briefausgaben

Vergleichbare Sammlungen 73
Literarischer Brief oder Privatbrief? 74
Drei Entwicklungsstufen 77
Methodische Überlegungen 78
Reihenfolge der Briefe 79
Ordnungsprinzip 80
Schlußfolgerung 82

Die Autorenrezension des Briefes an die Römer, der beiden Korintherbriefe und des Galaterbriefes

Typische redaktionelle Eingriffe 83
Paulus als Redakteur 88
Der Brief an die Römer 103
Die Korrespondenz mit Korinth 106
Der Brief an die Galater 124
Die Intention der Autorenrezension des Paulus 126
Ein fiktives Begleitschreiben des Paulus 136

Postskriptum 139

Anhang

Anmerkungen 141
Weiterführende Literatur 149
Die Handschriften der Paulusbriefsammlung 152
Register 156
Verzeichnis der Abbildungen 160
Verzeichnis der Tabellen 160

Liebe Leserin,
Lieber Leser,

Ich lade Sie herzlich dazu ein, mit mir eine Reise in die Vergangenheit zu unternehmen. Reiseziel ist das älteste erhaltene literarische Werk der Christenheit: eine Sammlung von Briefen des Apostels Paulus.

Beginnen möchte ich die Reise bei unseren heutigen, deutschen Bibelausgaben und von dort bis in das erste Jahrhundert unserer Zeitrechnung zurückgehen. Ich werde Ihnen die ältesten erhaltenen, handgeschriebenen Ausgaben der Paulusbriefsammlung vorstellen, welche die Grundlage aller modernen Übersetzungen darstellen. Wir werden uns mit dem Aufbau der biblischen Ausgabe beschäftigen, und ich werde versuchen, Auswahl und Anordnung der Briefe zu deuten, indem ich sie mit anderen antiken Briefsammlungen vergleiche. Dazu ist es nötig, Auffälligkeiten und charakteristische Eigenschaften der Briefe des Paulus zur Kenntnis zu nehmen. Am Ende führt diese Reise zu Paulus, dem Schriftsteller. Denn Paulus war nicht nur Handwerker, Geschäftsmann, Theologe und Missionar, sondern ist auch zu einem der erfolgreichsten Schriftsteller der Weltliteratur geworden. Keine andere Briefsammlung ist so häufig gedruckt worden und hat sich so gut verkauft wie die Ausgabe seiner Briefe, die in das Neue Testament Eingang gefunden hat.

Ich möchte Ihnen Beobachtungen und Schlußfolgerungen darstellen, die darauf hinweisen, daß Paulus selbst die ersten vier Briefe der biblischen Paulusbriefsammlung für die Öffentlichkeit überarbeitet und herausgegeben hat. Aus seiner Korrespondenz mit den Christen in Korinth hat er die beiden Korintherbriefe zusammengestellt, dann noch eine beglaubigte Abschrift des Briefes an die Galater und seines Briefes nach Rom beigelegt und das so entstandene Kompendium zusammen mit einem Begleitschreiben (Röm 16) an Freunde in Ephesus versandt. Er wollte, daß die Epheser diese vier Briefe im Zusammenhang lesen und Informationen, die in einem Brief nur angedeutet sind, aus einem anderen Brief der Sammlung ergänzen.

Paulus schreibt aus einer Situation heraus, die durch eine langjährige und zermürbende Auseinandersetzung mit den Aposteln in Jerusalem geprägt ist. Den konkreten Anlaß für das Kompendium lieferte aber eine Geldsammlung, die er in Kleinasien, Mazedonien und Griechenland für die Gemeinde in Jerusalem organisiert hatte. Diese Kollekte ist ein Thema, das sich in allen vier Briefen wiederfindet. Als Paulus sein Werk an die Epheser übersandte, befand er sich vermutlich in Korinth und bereitete seine Abreise nach Jerusalem vor, um die sehr beträchtliche Geldsumme zu überbringen.

Mit der Veröffentlichung dieser vier Briefe hat Paulus wahrscheinlich einen publizistischen Impuls gegeben, der eine Entwicklung ausgelöst hat, die erst etwa hundert Jahre später durch die Kanonische Ausgabe des Neuen Testamentes literarisch zu einem Abschluß gekommen ist.

Ich gehe nicht davon aus, daß Sie Griechisch gelernt haben, und setze auch nicht voraus, daß Ihnen jede Stelle der Paulusbriefe geläufig ist. Die wichtigen Textpassagen habe ich deshalb aus der ökumenischen *Einheitsübersetzung der Heiligen Schrift* (Stuttgart, 1980) zitiert. Die Stellen, die ich selbst aus dem Griechischen übersetzt habe, sind gekennzeichnet.

Auch Fußnoten habe ich formuliert, die am Ende des Buches abgedruckt sind. Sie müssen sie nicht unbedingt lesen, wenn Sie mich auf meiner Reise nur begleiten wollen, aber falls Sie lieber eigene Wege gehen, finden Sie dort ausgewählte Wegweiser. Auch ein Verzeichnis weiterführender Literatur habe ich angefügt.

Wandern macht müde. Und aus eigener Erfahrung weiß ich nur zu gut, wie anstrengend es ist, einen Text über einen Text zu lesen. Um es Ihnen beim Lesen und mir beim Erzählen leichter zu machen, werde ich Sie ab und zu direkt ansprechen, so wie in diesem Vorwort. Ich werde Ihnen ein paar Fragen stellen, eine Denksportaufgabe formulieren oder einfach nur etwas über mich erzählen. Direkte Anrede der Leser ist typisch für Briefe. Und wenn Sie schon ein Buch über Briefe in die Hand nehmen, sollten Sie auf Überraschungen dieser Art gefaßt sein.

Und noch etwas möchte ich klarstellen, bevor wir aufbrechen. Auch wenn ich mich bemüht habe, eine verständliche Sprache zu finden und komplizierte Zusammenhänge übersichtlich darzustellen, so habe ich mich doch auch angestrengt, dies nicht auf Kosten der wissenschaftlichen Begründbarkeit zu tun. Als ausgebildeter Exeget des Neuen Testamentes stehe ich hinter jedem Satz dieses Buches, was natürlich nicht heißt, daß alles ohne Fehler und Irrtum geschrieben ist.

Das vorliegende Buch ist nicht nur das Ergebnis wissenschaftlicher Bemühungen sondern spiegelt Anregungen und Anstöße wider, die von meinen Lehrern, Kollegen, Freunden und Studenten ausgegangen sind. Prof. Gerald Sheppard, Toronto, und die Dozenten am Department of Religious Studies der Southwest Missouri State University, Springfield Missouri, haben mich dazu ermutigt, das Manuskript im Frühjahr 1992 während eines USA-Aufenthaltes zunächst auf Englisch zu verfassen und zu veröffentlichen *(Paul's Letter Collection: Tracing the Origins*, Minneapolis: Fortress Press, 1994). Die deutsche Fassung enthält leichte Veränderungen, sie ist also nicht nur Übersetzung sondern auch Autorenrezension. Mein Dank gilt ferner Prof. Gerd Theißen für die zahlreichen Gespräche und anregenden Diskussionen; er hat auch meine Dissertation *(Die Entstehung der Paulusbriefsammlung*, Göttingen: Vandenhoeck, 1989) betreut, welche die wissenschaftliche Grundlage liefert, auf der die vorliegende Auslegung aufbaut.

Der stärkste Impuls, der mich zur Abfassung dieses Manuskriptes geführt hat, geht allerdings von den Heidelberger Studentinnen und Studenten aus, die ich in den vergangenen Jahren betreut habe und deren reges Interesse an literarischen Fragen mich immer wieder erstaunt und erfreut hat. An sie habe ich während der Arbeit am Manuskript vor allem gedacht.

Genug der Vorrede, laßt uns aufbrechen.

Die ältesten erhaltenen Ausgaben der Briefe des Paulus

Einleitung

Bevor der Buchdruck im fünfzehnten Jahrhundert erfunden wurde, mußten alle Bücher von Hand abgeschrieben werden. Ungefähr achthundert solcher handgeschriebenen Exemplare der Paulusbriefsammlung sind heute noch erhalten.

Varianten

Obwohl die Buchkopisten in der Antike und im Mittelalter ihr Handwerk sorgfältig erlernten, um den hohen Ansprüchen ihrer Kundschaft zu genügen, gelang es ihnen doch fast nie, zwei völlig identische Abschriften eines Textes herzustellen. Ein Grund für die Unterschiede in den erhaltenen Handschriften liegt darin, daß sich beim Abschreiben unweigerlich Fehler einschleichen.

Aber es gibt auch noch andere Gründe. Denn seit jeher wurden Bücher hergestellt, um sie zu verkaufen, und dazu mußte der Text in einer Form angeboten werden, die die Erwartungen und Bedürfnisse der Käufer befriedigte. Unterschiedliche Bedürfnisse der Leser aber forderten unterschiedliche Ausgaben. So wurden für lateinisch sprechende Studenten, die Griechisch lernen sollten, zweisprachige Ausgaben produziert, die den lateinischen Text zwischen den Zeilen des griechischen Textes oder auf der gegenüberliegenden Seite notierten. Für den kirchlichen Gebrauch wurden Lektionare herausgegeben, aus denen die Priester während des Gottesdienstes laut vorlasen. Andere Ausgaben der Paulusbriefsammlung erhielten einleitende Passagen, die erklärten, wo, wann und warum Paulus die einzelnen Briefe verfaßte. Und wie es auch heute bei Revisionen der deutschen Bibel üblich ist, wurden altertümliche Ausdrücke und Wendungen durch zeitgemäße Formulierungen ersetzt, und so schlagen sich veränderte Sprachgewohnheiten auch im Text der griechischen Handschriften nieder. Einige dieser Handschriften sind einfach nur Abschriften älterer Abschriften. Häufig allerdings verglichen auch in der Antike die verantwortlichen Herausgeber mehrere Bücher miteinander, und, falls sie Abweichungen entdeckten, versuchten sie möglichst viele dieser Lesarten in ihre Ausgabe aufzunehmen. Dadurch neigt der Text dazu, im Laufe der Jahrhunderte immer länger zu werden. Im Grunde machen wir auch heute nichts anderes, wenn wir in den wissenschaftlichen Textausgaben der Paulusbriefsammlung einen kritischen Apparat führen. In diesem kritischen Apparat werden Abweichungen der verglichenen Handschriften festgehalten. Die Herausgeber entscheiden dann, welche Lesart dem ursprünglichen Text am nächsten kommt, und drucken diese als kritischen Text, während sie die alternativen Lesarten, die sogenannten Varianten, im Apparat notieren (Abbildung 1).[1]

Die abgebildete Seite ist dem *Greek New Testament* entnommen, das speziell für Bibelübersetzer in moderne Sprachen ausgelegt ist. Die Herausgeber haben zu drei Wörtern Fußnoten angebracht und im Text mit hochgestellten Ziffern gekennzeichnet (4, 5, 1). Die Fußnoten beschreiben abweichende Lesarten in den Textzeugen. Zum Beispiel verweist Anmerkung 5 auf 1Kor 2,16, der in der Einheitsübersetzung lautet: »Denn wer begreift den Geist des Herrn? Wer kann ihn belehren? Wir aber haben den Geist Christi.« Die Notierung {B} besagt, daß der Herausgeberkreis die im Text abgedruckte Variante für sehr wahrscheinlich ursprünglich hält. Die Skala reicht von {A} für sicher bis {D} für umstritten. Zunächst gibt die Fußnote die Zeugen an, die den Text so bieten, wie ihn die Druckausgabe übernommen hat. Dann werden die Abweichungen aufgeführt, und zwar haben statt »Geist Christi« am Versende »Geist des Herrn« die Handschriften, die mit den Sigel B D* F G wiedergegeben sind, und die ich Ihnen im Laufe dieses Buches vorstellen werde, einige lateinische Handschriften it[ar, b, f, g, o, r], der Ambrosiaster, das ist ein lateinischer Pauluskommentar, und die christlichen Schriftsteller Pelagius, Augustinus und Sedulius-Scottus. Nur »Geist« ohne »Christi« haben zwei Lektionare (l 165;

2. 15-3. 3   ΠΡΟΣ ΚΟΡΙΝΘΙΟΥΣ Α   572

δέχεται τὰ τοῦ πνεύματος τοῦ θεοῦ· μωρία γὰρ αὐτῷ ἐστιν καὶ οὐ δύναται γνῶναι, ὅτι πνευματικῶς ἀνακρίνεται. 15 ὁ δὲ πνευματικὸς ἀνακρίνει [τὰ] πάντα⁴, αὐτὸς δὲ ὑπ' οὐδενὸς ἀνακρίνεται.
16 τίς γὰρ ἔγνω νοῦν κυρίου,
ὃς συμβιβάσει αὐτόν;
ἡμεῖς δὲ νοῦν Χριστοῦ⁵ ἔχομεν.⁸

Fellow Workmen for God

3 Κἀγώ, ἀδελφοί, οὐκ ἠδυνήθην λαλῆσαι ὑμῖν ὡς πνευματικοῖς ἀλλ' ὡς σαρκίνοις, ὡς νηπίοις ἐν Χριστῷ. 2 γάλα ὑμᾶς ἐπότισα, οὐ βρῶμα· οὔπω γὰρ ἐδύνασθε.ᵃ ἀλλ' οὐδὲ ἔτι ¹ νῦν δύνασθε, 3 ἔτι γὰρ σαρκικοί ἐστε.

---

⁴ 15 {C} τὰ πάντα 𝔓⁴⁶ A C D* (F G omit τά) it^(ar, b, d, f, g, o, r) vg syr^p cop^(sa mss, bo, fay) arm eth geo slav Ptolemy^(acc. to Irenaeus gr) (Clement) Origen^(gr2/4, (1/4), lat) (Methodius) Gregory-Nyssa (Amphilochius) Chrysostom^(1/2) (John-Damascus^(vid)); Hilary Ambrosiaster Priscillian Gregory-Elvira Ambrose Jerome Pelagius Augustine Speculum Ps-Vigilius ∥ μὲν πάντα ℵ¹ (ℵ* homoioteleuton) B D² Ψ 0150 104 263 424* 463 459 1175 1241 1506 1852 1881 1962 2464 Byz [L] Lect syr^h cop^(sa mss) Origen^(1/4) Macarius-Symeon^(1/2) Severian^(vid) Cyril ∥ μὲν τὰ πάντα P 6 33 81 256 365 424^c 1319 1573 1739 1912 2127 2200 cop^(sa mss) Chrysostom^(1/2) ∥ μὲν πάντας Irenaeus^(lat) Didymus^(dub) Macarius-Symeon^(1/2) Theodoret^(lem)
⁵ 16 {B} Χριστοῦ 𝔓⁴⁶ ℵ A C D² Ψ 048 0150 6 33 81 104 256 263 365 424 436 459 1175 1241 1319 1506 1573 1739 1852 1881 1912 1962 2127 2200 2464 Byz [L P] Lect it^d vg syr^(p, h) cop^(sa, bo, fay) arm eth geo slav Origen^(gr, lat) Athanasius Gregory-Nazianzus Apollinaris Didymus Didymus^(dub) Macarius-Symeon Ps-Justin Epiphanius Chrysostom Severian Cyril Hesychius Theodoret John-Damascus; Ambrose Ps-Vigilius ∥ κυρίου B D* F G it^(ar, b, f, g, o, r) Ambrosiaster Pelagius Augustine Sedulius-Scottus ∥ omit l 165 l 593
¹ 2 {A} ἔτι 𝔓^(11vid) ℵ A C D F G Ψ 048 0150 6 33 81 104 256 263 365 424 436 459 1175 1241 1319 1573 1739^c 1852 1881 1912 1962 2127 2200 2464 Byz [(L) P] Lect it^(b, f, g, r) vg syr^(p, h) cop^(sa, bo) eth slav Clement Origen^(gr, lat4/6) Adamantius Didymus Didymus^(dub) Epiphanius Chrysostom Cyril; Gregory-Elvira Ambrose^(1/3) Pelagius Augu-

ᶠ 16 NO P: TR ∥ SP: WH ∥ P: AD NA M RSV NJB NRSV
ᵃ 3.2 P: WH

14 μωρία ... ἐστιν 1 Cor 1.23   15 ὁ δὲ ... πάντα 1 Jn 2.20   16 τίς ... συμβιβάσει αὐτόν Is 40.13 LXX (Ro 11.34)
3.1 Jn 16.12   2 γάλα ... βρῶμα He 5.12-13; 1 Pe 2.2

Abbildung 1   Typische Seite einer Ausgabe des griechischen Neuen Testamentes

13

1 593), das sind Bibelhandschriften für den gottesdienstlichen Gebrauch. – Der zweite Apparat, der mit hochgestellten lateinischen Buchstaben geführt wird, zeigt an derselben Stelle (ᵍ) die Strukturierungen der einzelnen Ausgaben an: »NO P: TR« bedeutet, keinen neuen Absatz hat der Textus Receptus (Oxford, 1889), »SP: WH« bedeutet, einen Unterabsatz hat die Ausgabe von Westcott und Hort (1881), und »P: AD NA M RSV NJB NRSV« bedeutet, daß die Ausgaben Apostoliki Diakonia (Athen, 1988), Nestle-Aland (26. Auflage, 7. Druck 1983), Merk (10. Auflage, 1984) und folgende englische Übersetzungen: Revised Standard Version (2. Auflage 1971), New Jerusalem Bible (1985) und New Revised Standard Version (1990), einen neuen Absatz haben. – Der dritte Apparat schließlich nennt Parallelstellen, das sind Textstellen, auf die der Text ausdrücklich verweist oder die wörtliche Übereinstimmungen aufweisen.

Die meisten deutschen Übersetzungen bieten ihren Lesern keine oder nur sehr spärliche Informationen über Textvarianten. Dasselbe gilt auch für die große Masse der erhaltenen Handschriften. Wenn eine Ausgabe allerdings für wissenschaftliche Zwecke hergestellt wurde, sind auch in den Handschriften Varianten verzeichnet und finden sich am Rand gelegentlich kritische Bemerkungen. War eine Ausgabe aber für ein breites Lesepublikum bestimmt, bemühte man sich darum, einen Text herzustellen, der das Alte korrekt wiedergab, leicht verständlich und, so gut es eben ging, frei von Abschreibfehlern war.

Was bis hierher gesagt ist, trifft auf die gesamte antike Literatur zu. Die Briefe des Apostels Paulus wurden von Generation zu Generation auf die gleiche Art und Weise weitergegeben wie andere Werke der Weltliteratur auch, zum Beispiel die Schriften des Aristoteles.

Große Anzahl von Handschriften

Im Vergleich zu allen anderen erhaltenen griechischen Briefsammlungen aber haben die Paulusbriefe in ungewöhnlich vielen Abschriften überlebt und bieten daher auch eine große Zahl von Varianten. Es gibt wohl keinen einzigen Satz der

Paulusbriefsammlung, der in allen Abschriften wörtlich übereinstimmt. Wie soll man mit einer solchen Situation umgehen?

Gruppierung von Handschriften

Glücklicherweise ist die Suche nach dem ältesten Text bei einer reichen handschriftlichen Überlieferung nicht so hoffnungslos, wie sie auf den ersten Blick wirkt. Das erste Ziel besteht darin, die enorme Anzahl auf eine überschaubare Zahl von Handschriften zu reduzieren ohne dabei wichtige Informationen zu verlieren. So versucht man, verschiedene Handschriften zu sogenannten Familien zusammenzufassen, was die Zahl bereits drastisch reduzieren kann. Denn jede Abschrift hat eine Vorlage, ein Mutterexemplar, und wenn viele Handschriften auf dieselbe Vorlage zurückgehen, warum sollte man sie da nicht wie ein einziges Exemplar behandeln? Zum Beispiel sieht eine Taschenbuchausgabe der Lutherbibel ganz anders aus als eine zweifarbig gedruckte, in Schweinsleder gebundene, mit Goldschnitt, Registern und Kommentaren versehene Studienausgabe. Und trotzdem, was den Bibeltext selbst betrifft, stimmen beide Ausgaben völlig miteinander überein und können in Fragen des Wortlautes wie ein einziges Exemplar behandelt werden.

Man hat in der zweiten Hälfte unseres Jahrhunderts erstmals alle bekannten Handschriften der Paulusbriefe an ausgewählten Stellen miteinander verglichen und mit Hilfe eines Großrechners ausgewertet, und kann heute statistisch bestätigen, was Spezialisten auch schon früher behauptet haben: Die Mehrheit der erhaltenen griechischen Handschriften der Paulusbriefsammlung geht auf eine Ausgabe zurück. Sie gibt den Bibeltext so wieder wie er offiziell von der Byzantinischen Kirche jahrhundertelang bewahrt, revidiert und veröffentlicht wurde. Diese Bearbeitung, für die verschiedene Fachbezeichnungen existieren, nenne ich im Folgenden die Byzantinische Rezension.

Die Byzantinische Rezension

Mehr als 85 Prozent der griechischen Handschriften des Neuen Testamentes wurden während und nach dem elften Jahrhundert hergestellt. Diese Zahl ist zunächst nicht verwunderlich, da es für ältere Handschriften sehr viel wahrscheinlicher ist, daß sie zerfallen, verlorengehen oder zerstört werden als für jüngere. Im elften Jahrhundert war die griechische Sprache nicht mehr so eng mit dem Christentum verbunden wie es noch zur Zeit der Entstehung des Neuen Testamentes im ersten und zweiten Jahrhundert der Fall war. Ab dem dritten Jahrhundert wuchs der Einfluß der römischen Gemeinde stetig, und die lateinische Übersetzung gewann für den kirchlichen Gebrauch an Bedeutung. Im elften Jahrhundert hatte sich die Lage des byzantinischen Reiches dramatisch verschlechtert. Kriege wurden mit wechselndem Erfolg geführt, gegen die Bulgaren im Norden, gegen die Seldschuken in Kleinasien und gegen die Normannen, die bis nach Griechenland vorgedrungen waren. Im Jahre 1054 trennte sich die Byzantinische Kirche, die schon seit dem neunten Jahrhundert ihre eigenen Wege gegangen war, endgültig von der Römischen Kirche. Am 13. 4. 1204 wurde die Hauptstadt des byzantinischen Reiches, Konstantinopel, zum ersten Mal erstürmt, und die Großmachtstellung war für immer gebrochen. Endgültig zerbrach es aber erst am 29. Mai 1453, als die nach Europa vordringenden Türken unter Mohammed II. die Hauptstadt eroberten und in Schutt und Asche legten.

Was die griechischen Bibeln dieser Epoche betrifft, so bedeuten diese politischen Veränderungen, daß im Gegensatz zu früher nur noch für eine Minderheit der Christen Griechisch die Muttersprache war, und daß fast alle Griechisch sprechenden Christen in einem immer kleiner werdenden Gebiet lebten, und daß dieses Gebiet ausschließlich von der byzantinischen Kirche betreut wurde. Es verwundert daher nicht, daß fast alle griechischen Handschriften des ausgehenden Mittelalters die Byzantinische Rezension des Bibeltextes enthalten.

Es handelt sich bei der Byzantinischen Rezension, ähnlich der heutigen Lutherbibel, um eine alte Ausgabe, die mehrfach revidiert wurde. Die Unterschiede im Text der Abschriften, wenn sie nicht auf Fehler zurückzuführen sind, geben Einblick in die redaktionellen Überlegungen der verschiedenen Revisionen. Sie verraten in der Regel aber keine Kenntnisse von Handschriften, die von den byzantinischen Herausgebern neu verglichen worden wären. Die Abschriften der Byzantinischen Rezension können daher zu einer Familie zusammengefaßt werden.

Fragmente

Zahlreiche Handschriften sind unvollständig. Manchmal fehlen viele Seiten, manchmal fehlt von jeder Seite etwas, manchmal ist sogar nur ein Blatt mit wenigen Zeilen oder Worten erhalten geblieben. Insbesondere gilt das für Handschriften, die älter als das sechste Jahrhundert sind. Wenn wir nun die Paulusbriefsammlung als Buch betrachten wollen, birgt diese Situation den unschätzbaren Vorteil, daß sich die Anzahl der Handschriften, die wir dazu befragen können, stark reduziert.

Um genau zu sein, ist die Zahl der Zeugen durch diese Überlegungen von fast 800 handschriftlichen Belegen auf nur neun Stück geschrumpft. Denn, neben der Byzantinischen Rezension bilden nur noch acht Handschriften das wesentliche Datenmaterial zur Beschreibung der Entstehung und Überlieferung der Paulusbriefsammlung. Im nächsten Abschnitt stelle ich Ihnen diese acht Handschriften vor.

DIE HANDSCHRIFTEN

Einleitung

Es gibt bei der Auslegung antiker Texte gute Gründe, sich zunächst den Handschriften zuzuwenden und erst dann den Inhalt dieser Schriften näher zu betrachten. Denn die Handschriften sind das einzig Konkrete, das uns von der antiken Literatur geblieben ist und das wir noch in die Hand nehmen können. Die ursprünglichen Briefe, die Paulus eigenhändig unterzeichnet und einem Boten anvertraut hat, sind für immer verloren. Wer sich also vorgenommen hat, sich Paulus so weit wie möglich zu nähern, für den bilden die Handschriften seiner Briefe die älteste erhaltene Form seiner Schriften. Alles was wir über die Entstehung und Vorgeschichte dieser Paulusbriefsammlung sagen können, das können wir nur erschließen. Und wie bei allen gelehrten Schlußfolgerungen muß man auch damit rechnen, daß man sich irrt. Deshalb ist es um so wichtiger von einem sicheren Ausgangspunkt aus unsere Reise zu beginnen.

Bezeichnung der Handschriften

Alte Handschriften werden normalerweise nach dem Namen der Bibliothek benannt, in der sie aufbewahrt werden oder in der sie zum ersten Mal erwähnt wurden. Das trifft auf alle Handschriften zu und nicht nur auf Bibelhandschriften. Eine Handschrift aus der Bibliothek des Vatikans in Rom wird beispielsweise als Codex Vaticanus bezeichnet.

Die Bibliothek des Vatikans aber bewahrt hunderte von neutestamentlichen Handschriften auf, so daß eine Bezeichnung alleine durch den Namen dieser Bibliothek wenig präzise ist. Aus diesem Grunde ist man in der wissenschaftlichen Auslegung dazu übergegangen, jeder Handschrift zusätzlich zum Bibliotheksnamen einen Großbuchstaben zuzuordnen, wenn die Handschrift in Majuskeln geschrieben wurde, das ist eine Schrift, bei der nur Großbuchstaben verwendet wurden, ähnlich unserer Blockschrift. Handschriften aber, die in Minuskeln geschrieben sind, das ist eine Schrift, die, wie unsere Schreibschrift, die einzelnen Buchstaben verbindet, wurden fortlaufende Nummern zugeteilt. So hieß zum Beispiel die älteste bekannte Handschrift der gesamten christlichen Bibel *Codex Vaticanus (B)*. Dieses System wurde in der Mitte des 18. Jahrhunderts von dem deutschen Gelehrten Johann Jakob Wettstein (1693–1754) eingeführt.

Doch das traditionelle System war auf Dauer der ständig steigenden Anzahl von Majuskelhandschriften, die in den

Bibliotheken entdeckt und erstmals beschrieben wurden, nicht gewachsen. Nachdem das lateinische Alphabet erschöpft war, wurden griechische und schließlich sogar hebräische Buchstaben vergeben. Am Ende mußte man einsehen, daß jede alphabetische Bezeichnung überfordert ist, wenn mehr als 270 neutestamentliche Majuskelhandschriften benannt werden müssen, denn so viele sind heute bekannt. Schließlich ging man also zu einem dritten System über und numerierte auch die Majuskelhandschriften durch, ließ die Zahl aber zur Unterscheidung von den Minuskeln mit einer Null beginnen. So bezeichnet heute *03* eine Majuskel und *1739* eine Minuskel. Neben diesen beiden Gruppen unterscheidet man noch eine dritte Gruppe von Handschriften nach dem Material, auf das sie geschrieben sind. Falls auf Papyrus geschrieben wurde, setzt man vor die Nummer ein »p«, zum Beispiel *p46*. Auch die Numerierung der Papyri, von denen man heute etwa 100 kennt, beginnt mit der Zahl eins.

Es hat sich aber herausgestellt, daß es den meisten Menschen leichter fällt, sich einen Bibliotheksnamen oder einen Großbuchstaben einzuprägen als sich eine Zahl zu merken. Obwohl die Nummern präziser sind, werden deshalb in der Literatur immer noch gerne die älteren Bezeichnungen benutzt. Im Folgenden werde ich, wenn ich mich auf eine Majuskelhandschrift beziehe, alle drei Bezeichnungen nennen: den Bibliotheksnamen, den Großbuchstaben und die Zahl.

Die ältesten Handschriften der gesamten Bibel

Ich möchte Ihnen zunächst die vier ältesten erhalten Ausgaben der christlichen Bibel, also des Alten und des Neuen Testamentes, vorstellen. Denn die Briefe des Paulus machen nur einen Teil des Neuen Testamentes aus, und alles was das Neue Testament sein möchte, ist der zweite Teil der christlichen Bibel.

Codex Alexandrinus (A 02). Die erste Handschrift, die ich Ihnen vorstellen möchte, ist der Codex Alexandrinus (A 02). Sie wurde im fünften Jahrhundert angefertigt. Kyrill Lukaris, Patriarch von Alexandrien, schenkte sie im Jahre 1628

König Karl I. von England. Sie wird heute im British Museum in London aufbewahrt. Diese Handschrift enthält alle neutestamentlichen Briefe des Paulus. Nur drei Blatt mit 2Kor 4,13-12,6 sind verlorengegangen.
Codex Ephraemi Rescriptus (C 04). Der Codex Ephraemi Rescriptus (C 04) wurde ebenfalls während des fünften Jahrhunderts hergestellt. Er enthielt ursprünglich das ganze Alte und das Neue Testament. Im zwölften Jahrhundert wurde die Bindung des Buches aufgelöst, die Tinte sorgfältig von den Lederseiten abgewaschen und mit Werken des syrischen Kirchenvaters Ephraem beschriftet und neu gebunden. Dabei gingen zahlreiche Blätter verloren. Wenn man die Handschrift heute betrachtet, sieht man nur die Schriften Ephraems. Allerdings war, wie die meisten Tinten, auch die Tinte der ursprünglichen Beschriftung säurehaltig, und so hat sich die Schrift ins Leder gefressen. Mit Hilfe moderner Techniken, zum Beispiel durch Beleuchtung mit ultraviolettem Licht in der Dunkelkammer, ist es möglich, diese Ätzungen wieder sichtbar zu machen und die ursprünglichen Schriftzeichen zum Vorschein zu bringen. Diese wiederbeschriebene Handschrift enthält heute immer noch 145 der ursprünglich 238 Seiten des neutestamentlichen Teiles. Bis auf den 2. Johannesbrief und den 2. Thessalonicherbrief enthält der Kodex noch Text aus jeder Schrift des Neuen Testamentes. Die Handschrift wird in der Bibliothèque Nationale in Paris aufbewahrt (Abbildung 2).[2]

Zu Abbildung 2: Wenn man heute die Seiten dieses Kodex im Original betrachtet, sind nur die Schriften des syrischen Kirchenvaters Ephraem zu sehen, die in Minuskelschrift und in zwei Spalten auf den Lederbögen angeordnet sind. Um den Bibeltext zu lesen, muß die Seite auf den Kopf gedreht werden. Auf dieser Reproduktion wurde die abgewaschene, ursprüngliche Beschriftung (Ende des Lukasevangeliums) mit Hilfe moderner Techniken sichtbar gemacht. Der Bibeltext ist einspaltig und in Majuskeln geschrieben.

Codex Sinaiticus (ℵ 01). Der Codex Sinaiticus (ℵ 01) ist die älteste Handschrift, die alle Bücher des Neuen Testamentes enthält. Der Kodex wurde 1844 in der Bibliothek des Katharinenklosters am Fuße des Berges Sinai von dem Leipziger

Abbildung 2   Codex Ephraemi Rescriptus

Neutestamentler Constantin von Tischendorf entdeckt und 1869 nach Rußland gebracht. Im Jahre 1933 verkaufte die sowjetische Regierung die Handschrift nach England, wo sie heute als eine der großen Sehenswürdigkeiten des British Museum in London aufbewahrt ist. Der Kodex wurde wahrscheinlich im vierten Jahrhundert angefertigt.
Codex Vaticanus (B 03). Der Codex Vaticanus (B 03) wurde ebenfalls im vierten Jahrhundert hergestellt. Man kann nicht mehr feststellen, wo er geschrieben wurde, aber bereits 1481 verzeichnet ihn die Bibliothek des Vatikans in ihrem Katalog. Am Ende der Handschrift sind einige Seiten verlorengegangen, die beiden Briefe des Paulus an Timotheus und die Briefe an Titus und Philemon fehlen.

Jede dieser vier Bibelhandschriften wurde unabhängig voneinander angefertigt, das heißt, sie wurden nicht voneinander abgeschrieben.

Anzahl und Reihenfolge der Briefe des Paulus

Während meiner Lehrtätigkeit an der Universität Heidelberg habe ich immer wieder eine interessante Erfahrung gemacht. Nur wenige Studierende konnten mir spontan sagen, wie viele Briefe des Paulus im Neuen Testament enthalten sind. Und noch schwerer fiel es ihnen, die Briefe fehlerlos in der Reihenfolge aufzuzählen, in der sie im Neuen Testament angeordnet sind. Das war für mich um so überraschender, weil ich von einigen wußte, daß sie die Bibel täglich lesen und ganze Passagen aus den Paulusbriefen auswendig aufsagen konnten.

Ein Teil der Schwierigkeiten rührt wohl daher, daß vielen Lesern der Bibel niemals klar geworden ist, daß das Neue Testament in vier Sammlungseinheiten zerfällt. Vielleicht verhilft dieses Buch dazu, wieder ein Gefühl für diese Einheiten zu entwickeln. Nur wenige Handschriften, in denen die Paulusbriefsammlung enthalten ist – um genau zu sein nur 59 von 779 – enthalten das ganze Neue Testament. Es war damals nicht einfach, dicke Bücher herzustellen, und übermäßig dicke Bücher waren auch übermäßig schwer, unhandlich und teuer. Die meisten Handschriften enthalten daher nur einen Teil des

Neuen Testamentes. Im antiken Buchwesen verbreitete man das Neue Testament in vier Teilen. Eine dieser vier Einheiten stellte die Paulusbriefsammlung dar. Es gibt also keine Ausgabe, die nur einen einzelnen Paulusbrief hätte. Auch die Fragmente, die noch eine Aussage über die Sammlung zulassen, weil sie etwa eine Seitenzählung erhalten haben, widersprechen diesem Befund nicht. Wenn man in einer Handschrift den Römerbrief vorfindet, so ist er ausnahmslos Teil der Paulusbriefsammlung.

Die vier Sammlungseinheiten des Neuen Testamentes

Wie sehen die anderen drei Einheiten aus, in die die handschriftliche Überlieferung zerfällt? Es ist naheliegend, die vier Evangelien zu einer Einheit zusammenzufassen, aber wie verhält es sich denn mit der Apostelgeschichte?

Die Apostelgeschichte wurde immer mit den Katholischen Briefen kombiniert, das sind der Brief des Jakobus, die beiden Briefe des Petrus, die drei Briefe des Johannes und der Brief des Judas. Einige Handschriften stellen die Paulusbriefsammlung vor die Apostelgeschichte und die Katholischen Briefe (Codices Vaticanus B 03 und Alexandrinus A 02), andere lassen die Paulusbriefe auf die Katholischen Briefe folgen (Codex Sinaiticus ℵ 01). Einige Handschriften enthalten nur die Apostelgeschichte und die Katholischen Briefe oder kombinieren Apostelgeschichte und Katholische Briefe mit der Offenbarung des Johannes. Aber keine Handschrift vereinigt die Evangelien mit der Apostelgeschichte, oder enthält nur die Katholischen Briefe ohne die Apostelgeschichte.

Auf den ersten Blick mag die Stellung der Apostelgeschichte verwundern, weil sie für uns heutige Bibelleser so ungewohnt ist. Auf den zweiten Blick ergibt diese Anordnung aber einen guten Sinn, denn drei der vier Verfasser der Katholischen Briefe – Jakobus, Petrus und Johannes – sind die verantwortlichen Leiter der Jerusalemer Gemeinde, die in den ersten Kapiteln der Apostelgeschichte ausführlich vorgestellt werden. In späterer Zeit haben die Bearbeiter und Herausgeber der Byzantinischen Ausgaben die Paulusbriefsammlung zwischen die Apostelgeschichte und die Katholischen Briefe gestellt. Der Grund dafür ist nicht ganz klar, aber man hat darauf hingewiesen, daß diese Anordnung wegen der Lesungen des Kirchenjahres im Gottesdienst praktischer war. Was immer auch der Grund dafür gewesen sein mag, die älteste handschriftliche Überlieferung erlaubt keinen Zweifel, daß die Apostelgeschichte ursprünglich mit den Katholischen Briefen eine Sammlungseinheit bildete. Die vierte Einheit stellt die Offenbarung des Johannes dar.

Tabelle 1: Die vier Sammlungseinheiten des Neuen Testamentes

Einheit:	Evangelien	Apostelgeschichte und Katholische Briefe	Paulusbriefsammlung	Offenbarung
Textlänge:	45,66%	19,56%	28,21%	6,56%

In den vier vorgestellten Gesamtausgaben der christlichen Bibel enthält die Paulusbriefsammlung vierzehn Briefe. Ihre Reihenfolge ist immer gleich: Römerbrief, 1. Korintherbrief, 2. Korintherbrief, Galaterbrief, Epheserbrief, Philipperbrief, Kolosserbrief, 1. Thessalonicherbrief, 2. Thessalonicherbrief, Hebräerbrief, 1. Timotheusbrief, 2. Timotheusbrief, Titusbrief und Philemonbrief.

Für die Sammlung der Paulusbriefe gibt es zwei wesentliche Unterschiede zwischen den vier ältesten erhaltenen Gesamtausgaben des Neuen Testamentes und unseren modernen Übersetzungen. Einen Unterschied haben wir gerade besprochen: die Paulusbriefsammlung ist nicht zwischen der Apostelgeschichte und den Katholischen Briefen eingeordnet. Der zweite Unterschied betrifft den Hebräerbrief.

Der Hebräerbrief

Der Grund dafür, daß es meinen Studentinnen und Studenten in Heidelberg so schwer gefallen ist, spontan die Anzahl und Anordnung der Paulusbriefe richtig wiederzugeben, hängt mit dem Hebräerbrief zusammen und damit, daß die meisten von ihnen mit der deutschen Übersetzung Martin Luthers aufgewachsen sind. Martin Luther aber, wie viele gelehrte Christen vor ihm, hielt Paulus nicht für den Autor des Hebräerbriefes. Und deshalb ordnete er die Briefe des Neuen Testamentes in seiner Übersetzung anders an und verschob den Hebräerbrief zusammen mit dem Jakobus- und Judasbrief an das Ende des Neuen Testamentes, vor die Offenbarung. Diese Reihenfolge existiert in keiner einzigen griechischen Handschrift. Der Brief an die Hebräer hat seinen Platz mitten in der Paulusbriefsammlung, zwischen 2. Thessalonicherbrief und 1. Timotheusbrief.

Die meisten anderen deutschen Bibelübersetzungen drucken den Hebräerbrief als letzten Brief der Paulusbriefsammlung hinter dem Brief an Philemon. Dies ist auch die Anordnung der Byzantinischen Rezension. Die erste Druckausgabe des griechischen Neuen Testamentes wurde nämlich von Erasmus von Rotterdam aufgrund einer einzigen byzantinischen Paulushandschrift im Jahre 1516 besorgt. Von dieser Ausgabe des Erasmus wurde die Anordnung der Paulusbriefe in die meisten darauf folgenden Drucke übernommen. Da der Hebräerbrief auch heute noch in den führenden wissenschaftlichen Ausgaben des griechischen Neuen Testamentes am Ende der Paulusbriefsammlung abgedruckt wird, übernehmen praktisch alle modernen Übersetzungen diese Stellung, geben damit aber die Anordnung in den ältesten Gesamtausgaben der christlichen Bibel nicht richtig wieder.

Handschriften, die nur die Paulusbriefsammlung enthalten

Nicht alle Handschriften, die die Paulusbriefsammlung enthalten, enthalten das ganze Neue Testament. Tatsächlich sind es weniger als acht Prozent der bekannten Handschriften. In den meisten Fällen wurden die Paulusbriefe mit der Apostelgeschichte und den Katholischen Briefen in ein Buch zusammengebunden. Sehr häufig bilden sie aber auch ein eigenständiges Buch und enthalten keine weiteren neutestamentlichen Schriften (Tabelle 2).[3]

Tabelle 2: Anzahl der griechischen Handschriften der Paulusbriefsammlung nach Inhalt geordnet

Inhalt	Anzahl	
ap	271	34.79%
p	213	27.34%
eap	149	19.13%
apr	76	9.76%
eapr	59	7.57%
pr	6	0.77%
ep	5	0.64%
Summe	779	100.00%

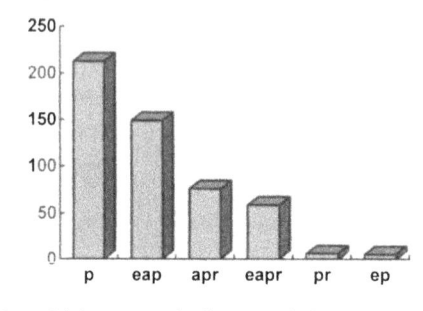

e = Evangelien   a = Apostelgeschichte + Katholische Briefe
p = Paulusbriefsammlung   r = Offenbarung

Neben den vier bereits vorgestellten Handschriften gibt es noch vier weitere, die für die Ermittlung der ursprünglichen Form der Paulusbriefsammlung bedeutsam sind. Diese vier Handschriften sind reine Paulusausgaben und enthalten keine weiteren neutestamentlichen Schriften. Drei davon sind sogar überlieferungsgeschichtlich miteinander verwandt, die vierte Handschrift, ein Papyrusbuch, ist die älteste bekannte Ausgabe der Paulusbriefe.

Codex Boernerianus (G 012). Der Codex Boernerianus (G 012), eine zweisprachige Ausgabe, wurde sehr wahrscheinlich im Kloster von St. Gallen in der Schweiz während der zweiten Hälfte des neunten Jahrhunderts hergestellt. Die lateinische Übersetzung des griechischen Textes ist zwischen den Zeilen von einem irischen Mönch beigegeben. Die Handschrift wird heute in der Sächsischen Landesbibliothek in Dresden aufbewahrt.[4]

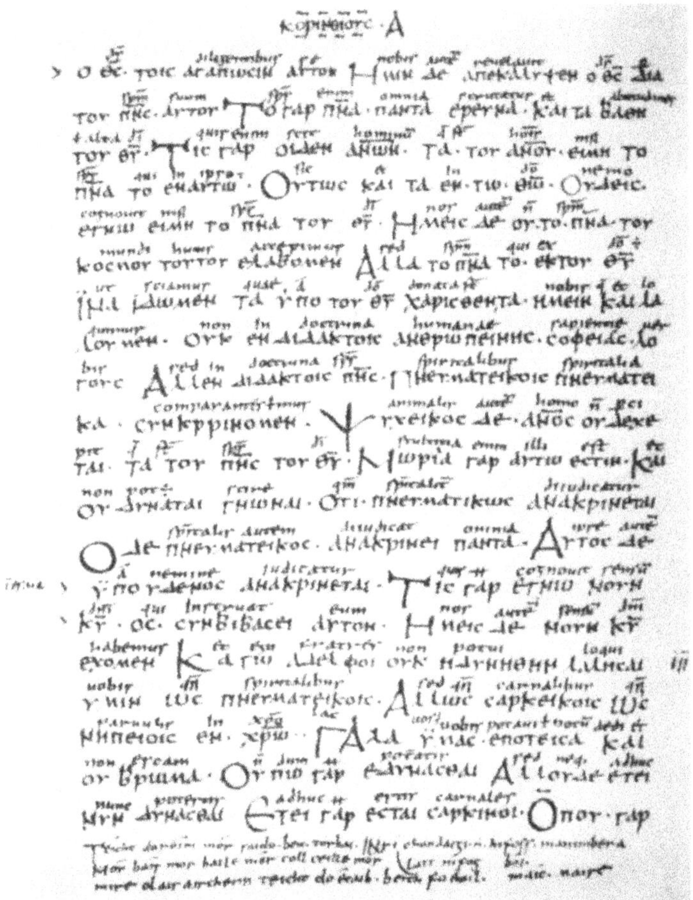

Abbildung 3   Codex Boernerianus (G 012)

Abbildung 3 zeigt den gleichen Textabschnitt (1 Kor 2,14-3,3), der auch oben (S. 13) aus der gedruckten Ausgabe des griechischen Neuen Testamentes abgebildet wurde. Großbuchstaben gliedern den Text und teilen ihn in ungefähr gleichlange Abschnitte, sogenannte Stichen. Viele Handschriften der Bibel geben die Anzahl der Stichen am Ende jedes Buches an, weil die Textlänge für Schreiber, Buchhändler und Buchkäufer gleichermaßen wichtig war, um den Preis zu ermitteln. Die Markierungen am linken Rand zeigen an, daß an dieser Stelle aus dem Alten Testament zitiert wird und die lateinische Bemerkung daneben verweist auf das Buch Jesaja. Die lateinische Übersetzung folgt weitgehend der Vulgata, der am meisten benutzten lateinischen Übersetzung, und versucht, dem griechischen Text Wort für Wort zu entsprechen. Da feststeht, daß dem Schreiber keine zweite griechische Handschrift zur Verfügung stand als die, die er abschrieb, ist es gut möglich, daß diese Handschrift im Griechischunterricht für die Latein sprechenden Mönche eingesetzt wurde. Am unteren Rand der Seite hat ein Schreiber, offensichtlich ein Ire, ein irisches Gedicht hinzugefügt, dessen erste Strophe lautet: »Nach Rom zu kommen, nach Rom zu kommen, bringt viel Mühe und wenig Gewinn. Was du da suchst, bringst du es nicht selbst mit, findest du es nicht.« Das Gedicht spiegelt die Rivalität wieder, die im Mittelalter zwischen den iro-schottischen Mönchen, die die ersten christlichen Missionare in Mitteleuropa stellten, und der katholischen Kirche in Rom bestand.

Codex Augiensis (F 010). Codex Augiensis (F 010) stammt wahrscheinlich aus dem Kloster auf der Insel Reichenau im Bodensee. Wie der Codex Boernerianus, handelt es sich um eine zweisprachige Handschrift, die lateinische Übersetzung steht dabei jeweils auf der gegenüberliegenden Seite, wobei jede Zeile ihre genaue Entsprechung findet. Der Kodex liegt heute im Trinity College in Cambridge.

In beiden Handschriften sind fünf Passagen des griechischen Textes ausgefallen. Die Abschreiber ließen Lücken frei, um den Text später nachzutragen, haben dies aber nicht getan. Offensichtlich fehlten diese Textabschnitte in dem Exemplar, das sie abschrieben, und es war ihnen nicht gelungen, eine zweite griechische Handschrift zum Vergleich heranzuziehen. Zahlreiche Abweichungen in beiden Handschriften finden eine einleuchtende Erklärung, wenn man annimmt, daß die Vorlage Korrekturen enthielt, die die beiden Abschreiber unterschiedlich verstanden und ausführten. Daher steht fest, daß keine Handschrift die Abschrift der anderen sein kann. Sie wurden unabhängig voneinander hergestellt, gehen aber auf die gleiche Vorlage zurück.

Warum sind Codex Boernerianus und Codex Augiensis so bedeutend? Beide Handschriften enthalten den Hebräerbrief nicht. Die verbleibenden dreizehn Briefe aber stehen in der üblichen Anordnung.

Codex Claromontanus (D 06). Auch der Codex Claromontanus (D 06) aus dem fünften oder sechsten Jahrhundert ist eine zweisprachige Ausgabe und bietet die lateinische Übersetzung auf der gegenüberliegenden Seite. Da es eine beträchtliche Anzahl von Textvarianten gibt, die diese Handschrift ausschließlich mit dem Codex Augiensis und Codex Boernerianus teilt, ist eine nahe Verwandtschaft offensichtlich.

Die Anordnung der Briefe aber ist sonderbar: Römerbrief, 1. Korintherbrief, 2. Korintherbrief, Galaterbrief, Epheserbrief, Kolosserbrief, Philipperbrief, 1. Thessalonicherbrief, 2. Thessalonicherbrief, 1. Timotheusbrief, 2. Timotheusbrief, Titusbrief und Philemonbrief. Man hat bis heute noch keine befriedigende Antwort für die ungewöhnliche Stellung des Kolosser- und des Philipperbriefes gefunden. Nach dem Philemonbrief waren ursprünglich drei Seiten leer geblieben, später wurde dort ein lateinisches Verzeichnis kanonischer Schriften eingetragen, der sogenannte Catalogus Claromontanus, und erst nach diesem Kanonsverzeichnis der Hebräerbrief angefügt. Der Befund legt daher nahe, daß der Hebräerbrief nicht in der Vorlage des Codex Claromontanus enthalten war, sondern erst später ergänzt wurde.

Papyrus 46. Die älteste Handschrift der Paulusbriefsammlung wird gewöhnlich als Papyrus 46 (p46) bezeichnet. Aufgrund der verwendeten Schrift wird die Herstellung des Kodex um das Jahr 200 in Ägypten angesetzt. Teile der Handschrift wurden von der University of Michigan in Ann Arbor, USA, erworben, aber die meisten Blätter gehören heute zur Chester Beatty Sammlung in Dublin, Irland.

Diese Handschrift stellt nicht nur die älteste erhaltene Ausgabe der Briefe des Paulus dar, gleichzeitig ist sie eine der ältesten Handschriften in Buchform, die die Menschheit kennt.

Denn bis zum vierten Jahrhundert nach Christus wurde Literatur fast ausschließlich auf Rollen geschrieben. Das Geheimnis um die Entstehung des Kodex, das ist der lateinische Fachausdruck für die Buchform im Gegensatz zur Rolle, ist bis heute nicht gelüftet worden. Offensichtlich waren es Christen, die bei der Verbreitung ihrer Bibel als erste in großem Stil die Kodexform einsetzten, denn so gut wie alle alten Fragmente des Neuen Testamentes stammen aus Kodizes.

Der p46 mit den Briefen des Paulus war aus einer einzigen Lage von Blättern hergestellt worden. Das heißt, der antike Buchbinder hatte 52 Papyrusbögen aufeinandergelegt, in der Mitte gefaltet und zusammengenäht, und damit ein Buch mit 208 Seiten geschaffen.

Wenn man nun aber einen Kodex aus einer einzigen Lage herstellt, muß man genau berechnen, wieviel Text in dem Buch untergebracht werden soll, und zwar noch bevor der Schreiber mit der Abschrift beginnt. Denn ist erst einmal die Buchmitte überschritten, gibt es keine Möglichkeit mehr, einen Berechnungsfehler zu korrigieren: jeder Bogen, der am Ende noch unter den Stapel gelegt wird, ergibt am Anfang des Buches zwei leere Seiten. Man kann sich leicht vorstellen, wie schwierig die Berechnung war. Denken Sie zum Beispiel an das Problem der inneren Blätter. Wenn nämlich mehrere Bögen im Stapel gefaltet werden, ragen die inneren Bögen hervor, und müssen abgeschnitten werden, um einen einheitlichen Buchrand zu erhalten. Genau das wurde auch beim p46 gemacht, bevor der Schreiber seine Arbeit aufnahm, mit dem Ergebnis, daß die inneren Bögen kleiner sind und weniger Text aufnehmen können als die äußeren.

Vielleicht ist dem Schreiber des p46 aus diesem Grund bei der Berechnung der Papiermenge, die er brauchte, ein Fehler unterlaufen. Nachdem er über die Hälfte des Buches gefüllt hatte, mußte er feststellen, daß ihm nicht genug Platz blieb, um den vollständigen Text wie geplant unterzubringen. Er begann damit, mehr Buchstaben in jede Zeile zu setzen und ging allmählich sogar dazu über, die 26 Zeilen pro Seite in der ersten Hälfte des Kodex auf 28 zu erhöhen, dann auf 30 und am Ende sogar auf 32 Zeilen pro Seite.

Obwohl die Handschrift äußerlich gut erhalten ist, haben die äußersten Bögen nicht überlebt. Der Text setzt mit Röm 5,17 ein, bietet dann den Hebräerbrief, die Briefe an die Korinther, Epheser, Galater, Philipper, Kolosser und endet mit 1Thess 5,28. Da viele Seiten ihre ursprüngliche Seitenzahl noch erhalten haben, weiß man mit Sicherheit, daß am Anfang 14 Seiten Text fehlen, und das heißt, daß diesem einlagigen Kodex auch am Ende noch 14 Seiten fehlen. Der Rest des 1. Thessalonicherbriefes zusammen mit dem zweiten Brief an die Thessalonicher, den beiden Briefen an Timotheus und denen an Titus und an Philemon haben aber auf den verbleibenden 14 Seiten auf keinen Fall Platz. Eine realistische Schätzung liegt bei ungefähr 23 Seiten, die nötig wären, um den zu erwartenden Text aufzunehmen. Wie sich der Schreiber in dieser mißlichen Lage verhalten hat, das wissen wir nicht.

Obwohl es auf Grund der Handschrift auch nicht mit Sicherheit ausgeschlossen werden kann, ist es nicht nötig anzunehmen, daß der Schreiber einige der Paulusbriefe, die im p46 am Ende fehlen, gar nicht kannte. Denn zum einen ist es deutlich, wie wir gesehen haben, daß er Probleme mit der Textlänge hatte. Und zum anderen hat man in Ägypten noch zwei Fragmente aus Papyruskodizes gefunden, die etwa gleich alt sind wie der p46. Das eine Fragment, der p32, enthält Text aus dem Titusbrief, das andere, der p87, Text aus dem Brief an Philemon. Damit steht fest, daß diese Briefe zur Zeit und in der Gegend bekannt waren, in der der p46 hergestellt wurde.

Was ist aber nun die Ursache für die ungewöhnliche Reihenfolge dieser Briefe? Warum steht der Hebräerbrief zwischen dem Brief an die Römer und dem 1. Korintherbrief? Und warum steht der Epheserbrief vor dem Galaterbrief?

Die Antwort ist wahrscheinlich sehr einfach. Wie wir gesehen haben, war es für einen Schreiber wesentlich, die genaue Länge eines Textes zu kennen bevor er damit begann, einen einlagigen Kodex zu füllen. Um sich zu behelfen, konnte er leicht auf die Idee verfallen, die einzelnen Schriften nach ihrer Länge zu sortieren, bevor er zu schreiben begann. Wenn er nämlich mit dem längsten Brief begann und mit den kürzeren aufhörte, waren seine Aussichten selbst bei einem Rechenfehler nicht schlecht, das Buch mit einem Briefende beenden zu können. Im schlimmsten Fall müßte er ein Heft beilegen, das die fehlenden Briefe enthielt. Wenn er aber mit den kurzen Briefen begann und mit den langen endete, war die Wahrscheinlichkeit viel höher, daß er mitten in einem Brief war, wenn er auf der letzten Seite des Buches angekommen war. Und wer würde schon ein Buch kaufen, das mitten im Text einer Schrift aufhört?

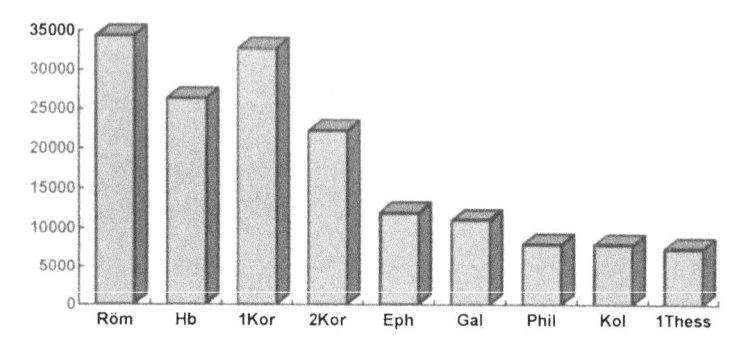

Tabelle 3: P46: Paulusbriefe nach der Länge geordnet

Versucht man nun die Briefe des Paulus an Gemeinden nach der Länge zu ordnen, so wird man feststellen, daß der Brief an die Epheser länger ist als der Brief an die Galater, und folglich diese beiden Briefe umstellen. Komplizierter wird es schon beim Hebräerbrief, der von der Länge her zwischen dem ersten und zweiten Korintherbrief einzuordnen wäre, was nicht besonders sinnvoll ist. Eine mögliche Lösung besteht darin, den Hebräerbrief vor beide Korintherbriefe zu stellen. Und genau das ist die Anordnung der Briefe im p46: Römerbrief, Hebräerbrief, Korintherbriefe, Epheserbrief, Galaterbrief und dann ganz normal Philipper-, Kolosser- und 1. Thessalonicherbrief. Es sieht also ganz danach aus, als hätten die Hersteller des p46 die Briefe des Paulus nach ihrer Textlänge angeordnet.

DER ARCHETYP

Einleitung

Ich bin in Afrika geboren. Meine Eltern waren Missionare. Meine Großeltern waren Missionare. Und da auch Paulus Missionar war, hatte ich schon als Kind eine feste Vorstellung von diesem Mann: er war eine Art David Livingstone der Antike. Er reiste durch Asien und Europa, gründete Gemeinden, und betreute die Männer und Frauen, die sich zu Jesus bekehrten, als Seelsorger und Lehrer. Und wenn es ihm nicht möglich war, seine Gemeinden persönlich zu besuchen, dann sandte er Mitarbeiter und schrieb Briefe. Nachdem Paulus gestorben war, bewahrte man seine Briefe als Kostbarkeiten auf. Jede Gemeinde, die einen seiner Briefe erhalten hatte, ließ ihn auch später noch im Gottesdienst verlesen und tauschte Abschriften des Briefes mit anderen Gemeinden der Nachbarschaft aus. Später bemühte man sich dann darum, die Sammlung zu vervollständigen.

Aber diese Vorstellung läßt sich mit der einheitlichen handschriftlichen Überlieferung nicht in Einklang bringen. Das muß ich Ihnen natürlich näher erklären. Wenn heute ein Buch veröffentlicht wird — das gilt auch für das Buch, das Sie gerade lesen — dann liefert die Verfasserin oder der Verfasser ein Manuskript an den Verlag. Häufig macht der Verlag noch Änderungsvorschläge und läßt den Text von professionellen Lektoren lesen und bearbeiten. Nachdem sich Autoren und Verleger auf die Endfassung geeinigt haben, geht ein einziges Manuskript an den Setzer. Dieses Manuskript wird die Vorlage der ganzen Druckauflage, oder in der Terminologie der Handschriftenkunde: es wird zum Archetyp der Überlieferung.

Nun legt die Vorstellung, mit der ich aufgewachsen bin, aber nahe, daß es bei der Sammlung der Paulusbriefe einen solchen Archetyp gar nicht gab. Im Gegenteil, an verschiedenen Orten existierten unterschiedliche Sammlungen, und diese Sammlungen wurden wiederum an verschiedenen Orten von unabhängig voneinander arbeitenden Redakteuren zu unterschiedlichen Ausgaben zusammengefügt und solange ergänzt, bis alle bekannten Paulusbriefe darin enthalten waren. Man kennt in der Antike durchaus Sammlungen, die genau so entstanden sind. Das gilt aber nicht für die Paulusbriefsammlung. Es gibt nämlich einen Weg, um zu bestimmen, ob eine Textüberlieferung auf einen einzigen Archetyp zurückgeführt werden kann oder nicht. Man muß nur auf redaktionelle Änderungen achten, die bei der Veröffentlichung erfolgten, und die nicht vom Verfasser stammen, die sogenannte Endredaktion. Zum Beispiel: Falls Paulus nicht alle Briefe selbst gesammelt und veröffentlicht hat, muß ein anderer Redakteur die Titel der Briefe angefügt und sie in unsere Reihenfolge gebracht haben. Es ist diese Endredaktion, an der sich bei Sammlungen ein Archetyp zu erkennen gibt. Der nächste Schritt besteht also darin, nach Veränderungen der Endredaktion zu fragen, und sich auf solche Elemente zu konzentrieren, die so ungewöhnlich sind, daß sie wahrscheinlich nicht von zwei Redakteuren unabhängig voneinander geschaffen wurden. Wenn alle erhaltenen Abschriften des Textes dieselben ungewöhnlichen Elemente der Endredaktion aufweisen, gehen sie aller Wahrscheinlichkeit nach auf einen Archetyp zurück.

Das Ordnungsprinzip

Wie gehen nun aber Redakteure vor, wenn sie die Korrespondenz eines anderen Menschen anordnen sollen? Heutzutage wäre wohl anzunehmen, daß Bearbeiter die Briefe in eine chronologische Ordnung bringen, wenn sie sie für die Veröffentlichung vorbereiten. Und genau das haben auch antike Herausgeber gewöhnlich versucht. Aber was soll man tun, wenn die Brieftexte nicht datiert sind?

Chronologische Ordnung. Die Briefe der Paulusbriefsammlung tragen kein Datum. Bis zum heutigen Tag haben es die Exegeten des Neuen Testamentes nicht geschafft, sich methodisch kontrolliert auf eine chronologische Reihenfolge der vierzehn Briefe zu einigen. Zum Beispiel wird meist vertreten, daß Paulus den 1. Thessalonicherbrief während seiner ersten Reise nach Mazedonien verfaßt hat, was diesen Brief zum ältesten erhaltenen Paulusbrief machen würde. Andere haben ihn aber während seiner letzten Reise angesetzt, was ihn zu einem der letzten Briefe macht, die er geschrieben hat, und auch diese Argumente haben einiges für sich. Oder denken Sie an den Philipperbrief: Paulus erwähnt dort, daß er aus dem Gefängnis schreibt (Phil 1,13). Doch konnten sich die Gelehrten bis zum heutigen Tag nicht darüber einigen, ob er jetzt in Ephesus im Gefängnis saß, in Cäsarea, Rom oder sonstwo, womit sich auch jedes Mal die Datierung verändert. Die Briefe des Paulus liefern nicht genug Information.

Trotzdem, zwei Briefe geben uns mit an Sicherheit grenzender Wahrscheinlichkeit Anhaltspunkte zur relativen zeitlichen Ansetzung: der 1. Korintherbrief und der Brief an die Römer.

1 Kor 16,1-4
Was die Geldsammlung für die Heiligen angeht, sollt auch ihr euch an das halten, was ich für die Gemeinden Galatiens angeordnet habe. Jeder soll immer am ersten Tag der Woche etwas zurücklegen und so zusammensparen, was er kann. Dann sind keine Sammlungen mehr nötig, wenn ich komme. Nach eurer Ankunft werde ich eure Vertrauensleute mit Briefen nach Jerusalem schicken, damit sie eure Liebesgabe überbringen. Ist es der Mühe wert, daß ich selbst hinreise, dann sollen sie mit mir reisen.

Röm 15,25-26
Doch jetzt gehe ich zuerst nach Jerusalem, um den Heiligen einen Dienst zu erweisen. Denn Mazedonien und Achaia haben eine Sammlung beschlossen für die Armen unter den Heiligen in Jerusalem.

Im 1. Korintherbrief hat sich Paulus noch nicht entschieden, ob er persönlich nach Jerusalem reist oder nicht. Als er aber an die Römer schreibt, steht sein Entschluß fest. Er möchte die Reise durchführen. Dadurch, daß er Röm 15,26 Achaia erwähnt, nimmt Paulus eindeutig auf die Adresse der beiden Korintherbriefe Bezug, da Korinth (1 Kor 1,2) die Hauptstadt der Provinz mit dem Namen Achaia war und der 2. Korintherbrief ausdrücklich auch an »alle Heiligen in ganz Achaia« (2 Kor 1,1) adressiert ist.

Setzt man nun die Information aus den beiden Textabschnitten zusammen, so erhält man den Eindruck, daß Paulus gerade

Korinth besucht hat oder sich dort sogar noch aufhält, wenn er an die Römer schreibt. Die Geldsammlung, zu der er im 1. Korintherbrief aufruft, scheint abgeschlossen zu sein, und er ist fest entschlossen, die Spende persönlich nach Jerusalem zu bringen. Und das wiederum legt nahe, daß der Brief an die Römer nach dem 1. Korintherbrief verfaßt wurde. In allen Handschriften aber ist der Brief an die Römer vor dem 1. Korintherbrief zu finden. Die Briefe sind also offensichtlich nicht in zeitlicher Reihenfolge angeordnet.
Einheitliche Brieffolgen. Wenn die Sicht, mit der ich aufgewachsen bin, korrekt wäre − nämlich daß christliche Gemeinden mit der Sammlung weniger Briefe begannen und diese Sammlungen unabhängig voneinander nach und nach vervollständigten − dann hätten sich auch unterschiedliche Bearbeiter der Sammlung mit dem Problem der Anordnung der Briefe auseinandersetzen müssen. Es wäre höchst unwahrscheinlich, daß jeder Herausgeber genau die gleiche Anordnung vorgeschlagen hätte, da das Ordnungsprinzip der Briefe äußerst ungewöhnlich ist. Es fällt schwer, auf Anhieb zu sagen, weshalb die Briefe so angeordnet sind, wie sie angeordnet sind. Und wirft man nochmals einen Blick auf die oben vorgestellten Handschriften, so fällt auf, daß die Brieffolgen weitgehend übereinstimmen und die Handschriften daher miteinander verwandt sein müssen.

In den ersten drei Brieffolgen wechselt lediglich der Platz des Hebräerbriefes. In der vierten Anordnung ist nur der Kolosser- und Philipperbrief vertauscht, und die fünfte Reihe, die Anordnung des p46, kam durch den Versuch zustande, die Briefe nach der Länge zu ordnen.

Für die wechselnde Stellung des Hebräerbriefes habe ich die Erklärung, daß dieser Brief zu einem späteren Zeitpunkt unabhängig voneinander an die Sammlung angefügt wurde. Eine solche Sammlung von dreizehn Briefen ist noch im Codex Boernerianus (G 012) und Codex Augiensis (F 010) erhalten. Und am Beispiel des Codex Claromontanus (D 06) kann man diesen Vorgang sogar noch anschaulich miterleben. Wenn Sie sich erinnern: der Hebräerbrief wird nach drei zunächst leer gelassenen Seiten hinzugefügt.

Die Umstellung des Philipper- und des Kolosserbriefes halte

Tabelle 4: Die Reihenfolge der Paulusbriefe in den Handschriften

1. Röm	1Kor	2Kor	Gal	Eph	Phil	Kol	1Thess	2Thess	Hb	1Tim	2Tim	Tit	Phm
2. Röm	1Kor	2Kor	Gal	Eph	Phil	Kol	1Thess	2Thess		1Tim	2Tim	Tit	Phm
3. Röm	1Kor	2Kor	Gal	Eph	Phil	Kol	1Thess	2Thess		1Tim	2Tim	Tit	Phm	Hb
4. Röm	1Kor	2Kor	Gal	Eph	Kol	Phil	1Thess	2Thess		1Tim	2Tim	Tit	Phm	Hb
5. Röm Hb	1Kor	2Kor	Eph	Gal	Phil	Kol	1Thess						

1 = Sinaiticus (ℵ 01), Alexandrinus (A 02), Vaticanus (B 03), Ephraemi Rescriptus (C 04)
2 = Boernerianus (G 012), Augiensis (F 010)
3 = Byzantinische Rezension
4 = Claromontanus D (06)
5 = p46

ich für eine Variante ohne große Bedeutung für die Überlieferungsgeschichte des griechischen Textes, weil sich diese Folge auch in der späteren Überlieferung in griechischen Handschriften kaum niedergeschlagen hat. Auch der p46 bezeugt im Grunde die traditionelle Reihenfolge. Eine alte Faustregel im Umgang mit Varianten besagt, daß die schwerer verständliche Lesart die ältere ist. Und deshalb ist es wahrscheinlicher, daß jemand eine unverständliche Brieffolge auflöst, um sie aus praktischen Gründen nach der Länge zu ordnen, als daß ein Bearbeiter die Reihenfolge nach der Länge auflöst, um sie ohne erkennbares Prinzip neu anzuordnen.

Im Rahmen meiner Doktorarbeit hatte ich die Gelegenheit, systematisch der Frage nachzugehen, ob es nicht noch mehr Reihenfolgen in den Handschriften gab. Ich habe alle Berichte von ungewöhnlichen Reihen, die ich finden konnte, überprüft, und neben den noch erhaltenen Handschriften auch rekonstruierte verlorene Vorlagen erhaltener Handschriften, alte Pauluskommentare, Zitate antiker christlicher Autoren, die ältesten Übersetzungen, die von der Alten Kirche herausgegebenen Kanonsverzeichnisse und die ersten Erwähnungen der Paulusbriefe bei den Kirchenvätern untersucht. Es dürfte die umfassendste Untersuchung dieser Frage sein, die bisher durchgeführt wurde.[5]

Während meiner Suche bin ich nur noch auf drei zusätzliche Reihenfolgen gestoßen (Tabelle 5). Eine davon hat dieselbe Anordnung wie der Codex Claromontanus, die Umstellung des Kolosser- und des Philipperbriefes. Diese Handschrift, die Minuskel 5, wird heute in der Bibliothèque Nationale in Paris aufbewahrt. Sie wurde im 14. Jahrhundert hergestellt und enthält die Schriften ansonsten in der üblichen Reihenfolge, der Hebräerbrief steht zwischen den Thessalonicher- und den Timotheusbriefen. Am oberen Rand der Seite, auf der der Epheserbrief endet und der Text des Kolosserbriefes beginnt, ist eine Bemerkung angebracht, die vom Schreiber der Handschrift zu stammen scheint. Diese Bemerkung verweist die Leser darauf, daß der an dieser Stelle zu erwartende Philipperbrief in der Handschrift auf den Kolosserbrief folgt. Man war sich also schon bei der Herstellung der Handschrift der ungewöhnlichen Reihenfolge bewußt.

Eine weitere, ungewöhnliche Reihenfolge ist in dem bereits vorgestellten Codex Vaticanus (B 03) erhalten geblieben. Diese Handschrift bietet am Rande eine alte Kapiteleinteilung, die die gesamte Paulusbriefsammlung in einzelne Abschnitte teilt und durchnumeriert. Die Zahlen beginnen mit dem Römerbrief, zählen dann die beiden Korintherbriefe und den Galaterbrief normal durch. Am Ende des Galaterbriefes ist die nächste zu erwartende Kapitelzahl die Zahl 59, der Epheserbrief aber beginnt mit der Nummer 70. Die Zählung geht dann korrekt weiter bis an das Ende des 2. Thessalonicherbriefes. Der Hebräerbrief aber, der auf den 2. Thessalonicherbrief folgt, beginnt mit der Kapitelnummer 59. Offensichtlich stammt diese Kapiteleinteilung aus einer Handschrift, in der der Hebräerbrief zwischen Galaterbrief und Epheserbrief eingeordnet war.

Die dritte Reihe ist noch unbedeutender. Die Minuskel 794 bietet die Paulusbriefe in der gewöhnlichen Reihenfolge und stellt den Hebräerbrief zwischen 2. Thessalonicherbrief und 1. Timotheusbrief. Ein zweiter Schreiber fügte den Hebräerbrief am Ende nach dem Philemonbrief an, so daß die Handschrift heute den Hebräerbrief zwei Mal enthält. Dies ist wohl nur aus Versehen passiert.

Wie Sie sehen, haben meine Nachforschungen wenig Neues ergeben. Die Umstellung des Philipper- und Kolosserbriefes war schon aus dem Codex Claromontanus (D 06) bekannt und ist mir bis heute rätselhaft geblieben. Die anderen beiden Reihen unterscheiden sich wieder nur durch die wechselnde Stellung des Hebräerbriefes.

Doch ist dieses negative Ergebnis für die Frage, ob die Sammlung auf einen Archetyp zurückgeht oder nicht, von großer Bedeutung. Denn viel aussagekräftiger als die beobachteten Unterschiede in der Anordnung sind sicherlich die frappierenden Übereinstimmungen sämtlicher Ausgaben der Paulusbriefsammlung.

Einheitliche Anzahl von Briefen. Es gibt keinen sicheren Beleg in den Handschriften dafür, daß jemals eine Ausgabe der Briefe des Paulus existierte, die weniger als dreizehn Briefe enthielt. Die letzten Seiten der Kodizes fehlen so häufig, – die äußeren Lagen eines Buches gehen leicht verloren, wenn der

Tabelle 5: Weitere Reihenfolgen der Paulusbriefe in den Handschriften

6. Röm	1Kor	2Kor	Gal	Eph	Kol	Phil	1Thess	2Thess	Hb	1Tim	2Tim	Tit	Phm
7. Röm	1Kor	2Kor	Gal	Hb	Eph	Phil	Kol	1Thess	2Thess				
8. Röm	1Kor	2Kor	Gal	Eph	Phil	Kol	1Thess	2Thess	Hb	1Tim	2Tim	Tit	Phm	Hb

6. Minuskel 5
7. Alte Kapiteleinteilung im Codex Vaticanus (B 03)
8. Minuskel 794

Umschlag beschädigt ist –, daß es sicherlich nicht ratsam ist, aus dem defekten Ende einer Handschrift, beispielsweise des p46 und des Codex Vaticanus (B 03), zu schließen, daß die fehlenden Briefe den Herstellern dieser Ausgaben unbekannt waren.

Die einheitliche Anzahl der Briefe bildet ein weiteres, starkes Argument für die Theorie eines gemeinsamen Archetyps. Denn, um die Ansicht aufrecht zu erhalten, daß die Briefe des Paulus unabhängig voneinander von verschiedenen Gemeinden zusammengestellt wurden, muß man nicht nur annehmen, daß die Sammler die Briefe in der gleichen Weise anordneten sondern auch noch, daß sie Zugang zu genau der gleichen Anzahl von Briefen hatten, nämlich zu dreizehn Briefen.

Einheitliche Titel. Die andere Beobachtung betrifft die Überschriften der Briefe. Es besteht allgemeine Übereinstimmung darin, daß Paulus die Titel der Briefe, wie sie im Neuen Testament erscheinen, nicht formuliert hat, als er die Briefe schrieb. Schließlich braucht ein einzelner Brief gar keine Überschrift. Eine Sammlung mehrerer Briefe hingegen, besonders wenn sie einem breiteren Publikum vorgelegt werden soll, braucht unbedingt Titel, die die einzelnen Briefe voneinander unterscheiden. Die Aufgabe solcher Überschriften ist es, anzuzeigen, wo der eine Brief endet und der nächste beginnt, und es damit den Lesern einfacher zu machen, auf einen bestimmten Brief zu verweisen oder daraus zu zitieren.

Nun bieten aber alle Handschriften die gleichen Brieftitel. Diese Titel nennen die Empfänger der Briefe. Eine wörtliche Übersetzung der Briefüberschriften aus dem Griechischen wäre: »An Römer«, »An Korinther der erste«, »An Korinther der zweite«, »An Galater«, »An Epheser« und so weiter.

Dies ist besonders auffällig in Bezug auf den Epheserbrief. Denn die drei ältesten Handschriften des Epheserbriefes – p46, Codex Vaticanus (B 03) und Codex Sinaiticus (01) – nennen im Text von Eph 1,1 gar keinen Briefempfänger. Und trotzdem haben auch diese Handschriften in der Überschrift »An Epheser«. Man muß nicht unbedingt ein Spezialist sein, um nachvollziehen zu können, daß Schreiber leicht die Adresse aus dem Titel genommen und an der entsprechenden Stelle in den Text eingefügt haben können. Dies ist im Codex Vaticanus

(B 03) und Codex Sinaiticus (‭א‬ 01) noch heute zu sehen: dort wurde die Adresse als Korrektur in den Text eingetragen. Im Gegensatz dazu fällt es schwer, einen vernünftigen Grund zu nennen, warum ein Schreiber die Adresse aus dem Text gestrichen haben soll, die Überschrift aber unverändert ließ. Aus dieser Überlegung heraus, scheint es deutlich, daß die älteste Textform des Epheserbriefes im Text keinen Empfängernamen bot. Wie konnte man dann aber auf die Idee kommen, daß dieser Text ausgerechnet an Epheser gerichtet sei? Es ist wohl sehr unwahrscheinlich, daß zwei Herausgeber unabhängig voneinander denselben Empfänger vorgeschlagen hätten (Abbildung 4).[6]

ΠΑΥΛΟΣΑΠΟΣΤΟΛΟ·
ΙΥΧΥΔΙΑΘΕΛΗΜΑ
ΤΟΣΘΥΤΟΙΣΑΓΙΟΙΣ ⲥ⳽ⲭⲓ
ΕΝΕΦΕϹⲰΤΟΙΣΟΥΣΙΚΑΙΠΙΣΤΙ·
ΕΝΧⲰΙΥΧΑΡΙΣΥ
ΜΙΝΚΑΙΕΙΡΗΝΗ

Abbildung 4   Eph 1,1 im Codex Sinaiticus (‭א‬ 01)

Eine Tilde ⁓ wurde als kritisches Zeichen vom Korrektor zwischen die Zeilen gesetzt. Dieses Zeichen wird am Rand wiederholt und zeigt an, daß die Worte ΕΝ ΕΦΕϹΩ an dieser Stelle eingefügt werden sollten. Die Adresse nach Ephesus war offensichtlich nicht Bestandteil des ursprünglichen Textes in diesem Kodex sondern wurde später als Korrektur ergänzt.

Zusammenfassung

Die einheitliche Anzahl der Briefe in den Handschriften, ihre Anordnung und die übereinstimmenden Brieftitel machen deutlich, daß alle erhaltenen Ausgaben wahrscheinlich auf einen einzigen Archetyp zurückgehen. Dieser Archetyp bestand aus dreizehn Briefen in der Reihenfolge Römerbrief, zwei Korintherbriefe, Galater-, Epheser-, Philipper-, Kolosserbrief, zwei Thessalonicherbriefe, zwei Timotheusbriefe, Titus- und Philemonbrief. Der Brief an die Hebräer wurde zu einem späteren Zeitpunkt ergänzt.

DIE KANONISCHE AUSGABE

Bevor wir dieses Kapitel beschließen, sollten wir noch einen Blick auf die Sammlung der vierzehn Briefe werfen. Ich möchte Sie darauf aufmerksam machen, wie sorgsam die Paulusbriefsammlung durch die Titel der Briefe in das Neue Testament eingebettet ist.

Der Titel der Ausgabe

Die Überschriften »An Römer« oder »An Korinther der erste« legen nahe, daß der vollständige Brieftitel lautet: »Brief des Paulus an Römer« oder »Der erste Brief des Paulus an Korinther«. Sucht man nach einem übergeordneten Titel der ganzen Sammlung, so lautet er: »Vierzehn Briefe des Paulus«. Und tatsächlich ist dieser Titel auch in vielen Handschriften der Byzantinischen Rezension auf dem Deckblatt vor dem Römerbrief angegeben und findet sich in Kanonslisten und Inhaltsverzeichnissen von Bibelhandschriften.

Ordnungsprinzip

Die zweite Einsicht, die die Überschriften vermitteln, besteht darin, daß die Briefe nach ihren Empfängern geordnet sind. Augenscheinlich stehen die Briefe an dieselben Empfänger hintereinander: die beiden Briefe nach Korinth, die beiden nach Thessalonich, und die beiden an Timotheus. Ferner sind die neun Briefe, die an Gemeinden gerichtet sind, zusammengestellt und bilden den ersten und längsten Teil des Buches, der vom Römerbrief bis zu den Thessalonicherbriefen reicht. Darauf folgen dann vier Briefe, die ihren Titeln nach an einzelne Personen gerichtet sind: die beiden Timotheusbriefe, der Brief an Titus und der an Philemon.

Der Titel des Hebräerbriefes

Der Titel des Hebräerbriefes hat in allen Handschriften den gleichen Wortlaut. Das ist deshalb bemerkenswert, weil das Wort »Hebräer« im Text des Briefes nicht vorkommt. Auch der Name Paulus fällt nicht. Und nun eine Denksportaufgabe: Warum können wir als Leser des Neuen Testamentes trotzdem mit Sicherheit sagen, daß die Herausgeber des Neuen Testamentes der Ansicht waren, daß der Hebräerbrief ein Paulusbrief ist?

Um diese Frage zu beantworten, ist es nötig, einen Blick auf die Katholischen Briefe des Neuen Testamentes zu werfen. Man kann nämlich allein anhand der Überschrift sofort entscheiden, ob ein Brief zur Paulusbriefsammlung gehört oder ob es sich um einen Katholischen Brief handelt: Die Paulusbriefe sind nach den Empfängern benannt, die Katholischen Briefe aber tragen die Namen ihrer Verfasser Jakobus, Petrus, Johannes und Judas. Wenn man nun einen Brief vor sich hat, der »An die Hebräer« heißt, so kann dieser Brief nur zur Paulusbriefsammlung gehören, weil er nach den Empfängern benannt ist. Und dies wird durch die Handschriften bestätigt: Der Hebräerbrief ist ausschließlich als Teil der Paulusbriefsammlung überliefert. Die einheitliche Überlieferung des Titels weist ferner darauf hin, daß alle Handschriften des Hebräerbriefes auf eine gemeinsame Vorlage zurückgehen und daß er in dieser Vorlage bereits Teil der Paulusbriefsammlung war.

Zusammenfassung

Wir haben auf unserer Reise in die Vergangenheit bereits 1800 Jahre zurückgelegt und sind mit der ältesten, handgeschriebenen Ausgabe der Paulusbriefsammlung schon an das Ende des zweiten Jahrhunderts angelangt.

Der Blick in die Handschriften hat uns außerdem noch gezeigt, daß sich das Neue Testament überlieferungsgeschichtlich in vier Sammlungseinheiten gliedert: die Evangelien, die Paulusbriefsammlung, die Offenbarung des Johannes und als weitere Einheit die Apostelgeschichte, die die Katholischen Briefe einleitet. Außerdem haben wir gesehen, daß sich die gesamte handschriftliche Überlieferung auf einen Archetyp zurückführen läßt, der dreizehn Briefe umfaßte. Bereits diese erste Ausgabe enthielt die gleichen Titel und bot die Briefe in der gleichen Reihenfolge wie unsere modernen deutschen Übersetzungen. Lediglich der Hebräerbrief wurde erst später hinzugefügt.

Ferner haben wir Hinweise darauf kennengelernt, daß die Sammlung von Anfang an schon einen Titel hatte: »Dreizehn (später: Vierzehn) Briefe des Paulus«. Und was die Anordnung betrifft, haben wir festgestellt, daß Briefe an dieselben Empfänger zusammengestellt wurden: an die Korinther, an die Thessalonicher und an Timotheus. Die Briefe an Gemeinden bilden den ersten Teil, Briefe an einzelne Personen stellen den zweiten Teil der Sammlung.

Nachdem wir uns ein Bild von der Textüberlieferung der Sammlung gemacht haben, werden wir uns jetzt den Besonderheiten des Textes zuwenden. Die Paulusbriefsammlung birgt einige ungelöste Rätsel. Ich werde Ihnen verschiedene Theorien vorstellen, mit denen man versucht, diese Auffälligkeiten zu erklären. Natürlich werden sich nicht alle Schwierigkeiten lösen lassen, aber vielleicht kann ich Ihnen doch wenigstens einen Eindruck von der wissenschaftlichen Diskussion vermitteln. Ich bin zuversichtlich, daß sich auch dieser Teil der Reise vergnüglich gestalten läßt.

Charakteristische Eigenschaften der Paulusbriefe

BRIEFFORMULAR

Die Paulusbriefe weisen sehr ähnliche Anfänge und Schlüsse auf. Mit Ausnahme des Hebräerbriefes besteht der Briefanfang aus drei Teilen, dem Namen der Verfasser, dem Namen der Empfänger und ein Gnaden- und Friedenswunsch. Und bis auf die Briefe an die Galater, Hebräer, Titus und den 1. Timotheusbrief folgt darauf eine Danksagung an Gott. Alle Briefe enden mit einem Gnadenwunsch.

1 Thess 1,1-3
Paulus, Silvanus und Timotheus an die Gemeinde von Thessalonich, die in Gott, dem Vater, und in Jesus Christus, dem Herrn, ist: Gnade sei mit euch und Friede.
Wir danken Gott für euch alle, sooft wir in unseren Gebeten an euch denken ...

1 Thess 5,28
Die Gnade Jesu Christi, unseres Herrn, sei mit euch!

Hunderte antike Privatbriefe sind heute noch im Original erhalten, und fast alle griechischen Briefe beginnen mit dem Namen des Verfassers und des Briefempfängers. Der Segenswunsch des Paulus, »Gnade und Friede mit euch«, aber ist sehr ungewöhnlich. Normalerweise wünschen sich die Briefpartner Freude, Gesundheit oder senden nur einen Gruß. Auch hat man bisher nur sehr wenige Fälle gefunden, in denen nach dem Präskript ein Dank an Gott ausgesprochen wird. Der Gnadenwunsch am Briefende ist ebenfalls sehr ungewöhnlich.

AUTOGRAPHISCHE SUBSKRIPTION

Am Ende des Galater-, 1. Korinther-, 2. Thessalonicher- und des Philemonbriefes erwähnt Paulus, daß er nun mit eigener Hand schreibt. Im 2. Thessalonicherbrief erklärt er, daß er sogar jeden seiner Briefe eigenhändig abschließt (2Thess 3,17). Diese Passagen werden autographische Subskriptionen genannt, eigenhändige Unterschriften.

2Thess 3,17
Den Gruß schreibe ich, Paulus, eigenhändig. Das ist mein Zeichen in jedem Brief; so schreibe ich.

Die autographischen Subskriptionen verdeutlichen, daß Paulus den vorhergehenden Briefteil nicht mit eigener Hand geschrieben hat, er hatte sie einem Schreiber diktiert. Die Briefe Ciceros erwähnen diese Praxis häufig. Professionelle Schreiber waren darin ausgebildet, eine standardisierte Schrifttype zu benutzen, die man auch überregional gut lesen konnte. Sie arbeiteten schneller und machten sicherlich weniger Fehler als ungeübte Personen und sparten den Briefschreibern damit Zeit und Papier. In seinem Brief an die Galater erwähnt Paulus in der autographischen Subskription ausdrücklich, daß er nicht in der Lage ist, in so kleinen Buchstaben zu schreiben wie sein Schreiber (Gal 6,11), und in seinem Brief an die Römer hält er für die Nachwelt sogar den Namen eines Schreibers fest, Tertius (Röm 16,22).

Gal 6,11
Seht, mit welch großen Buchstaben ich Euch mit eigener Hand schreibe! (Wörtliche Übersetzung)

Röm 16,22
Ich, Tertius, der Schreiber dieses Briefes, grüße euch im Namen des Herrn.

Natürlich war es nicht unbedingt nötig, dem Briefempfänger mitzuteilen, wo die eigenhändige Subskription begann. Denn den Lesern des Originales stand es ja vor Augen. Es spricht vom Wortlaut der Briefschlüsse daher nichts gegen die Aussage des 2. Thessalonicherbriefes, daß Paulus am Ende eines jeden Briefes selbst zur Feder griff (Abbildung 5).[7]

P.Oxy 246, 66 n. Chr.
Der Aussteller, ein gewisser Harmiusis, läßt sieben Schafe registrieren. Die Eingabe ist an den Beamten Papiscus gerichtet. Die wichtigste Aussage lautet: »Ich lasse jetzt für die zweite Eintragung einen weiteren Wurf bestehend aus sieben Schafen eintragen, geboren von den selben Schafen, zusammen sieben Schafe.«

Es ist leicht zu erkennen, wo der Haupttext endet, der sorgsam in Majuskeln geschrieben ist, und wo die in einer Kursiven geschriebenen Subskription des Beamten beginnt. Die Subskription lautet: »Ich, Apollonius, der Vertreter des Strategus Papiscus, setze meine Unterschrift unter sieben Schafe. Das zwölfte Jahr Neros, des Herrn, am 30. Epeiph«. Der Monat Epeiph beginnt am 25. Juni.

Darauf folgend – aber nicht mehr auf der Abbildung – sind die Subskriptionen der beiden anderen Agenten, die beide das Datum und folgende Aussage wiederholen: »Ich habe meine Unterschrift unter sieben Schafe gesetzt.« Für eine Subskription unter ein rechtsgültiges Dokument war es wesentlich, daß man Name und Funktion der unterschreibenden Person, Datum der Unterschrift und mindestens einen inhaltlichen Punkt des Dokumentes, in diesem Fall die sieben Schafe, angibt.

Nachdem ich hunderte von antiken Briefen gelesen habe, meine ich, daß man autographische Subskriptionen in drei Gruppen einteilen kann. Die Gründe dafür, am Ende noch eine persönliche Bemerkung anzubringen, haben sich über die Jahrhunderte nicht sehr verändert.

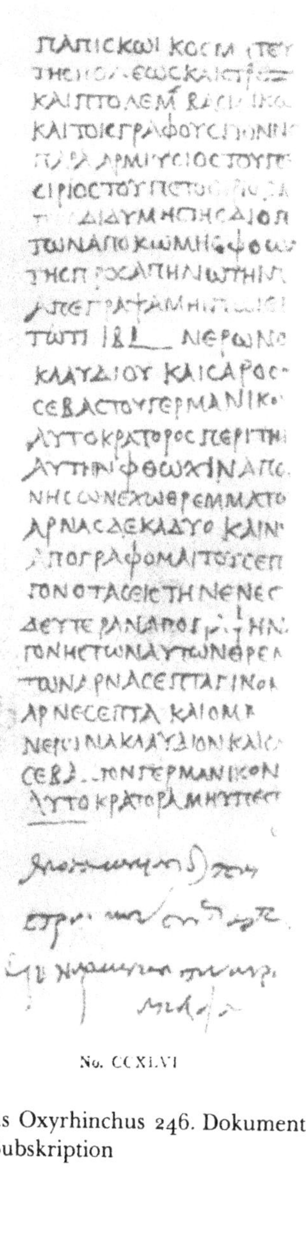

No. CCXLVI

Abbildung 5 Papyrus Oxyrhinchus 246. Dokument mit autographischer Subskription

Autorisierung von Dokumenten

Die wichtigste Funktion einer autographischen Subskription bestand – ähnlich heutiger Unterschriften – darin, daß damit ein Dokument beglaubigt und für den Rechtsverkehr beweiskräftig wird. Es reichte damals aber nicht, einfach nur den eigenen Namen darunter zu setzen, es wurde vom Aussteller verlangt, einen ganzen Abschnitt zu formulieren. Und wenn man einen berufsmäßigen Schreiber engagiert hatte, was bei juristischen Dokumenten häufig der Fall war, war das Dokument nur gültig mit einer eigenhändigen Subskription des Ausstellers. Von den Unterzeichnenden erwartete man, auf ein oder zwei inhaltlich wesentliche Punkte des Dokumentes einzugehen als Nachweis dafür, daß die Subskription auch zu dem entsprechenden Dokument gehörte und daß sich die Aussteller des Inhalts dessen bewußt waren, was sie da unterschrieben.

Eine (Scheidungs-) Urkunde mit einer Streichung oder einer Einfügung zwischen den Zeilen im Text ist ungültig. Aber ist sie [die Korrektur] nicht im Text, ist sie gültig. Wenn sie [die Korrektur] unter dem Text wiederholt wird, obwohl sie im Text gemacht wurde, ist sie gültig.
Eine Urkunde, die von den Zeugen nach der einleitenden Grußformel unterschrieben wurde, ist ungültig, weil die Zeugen nur die Grußformel unterschrieben haben. Wenn sie aber ein oder zwei Inhalte aus dem Text der Urkunde wiederholen, ist sie gültig.
Tos. Gittin 9,8-9; 334,6[8]

Autographische Subskriptionen beschränkten sich aber nicht nur auf Urkunden im rechtlichen Sinn. Auch diktierte Briefe boten den Empfängern ohne eigenhändigen Schluß keine Gewähr für die Echtheit.

Vertrauliche Mitteilung

Subskriptionen haben in Privatbriefen oft sehr vertraulichen Inhalt. Die Sekretäre brauchten die Subskription nicht unbedingt zu Gesicht zu bekommen, und es war auch nicht üblich, diese Abschnitte in den Kopien aufzunehmen, die man für das Archiv machte. Wenn der Briefschreiber darauf Wert legte, konnte er es so einrichten, daß niemand die Subskription las, bis der versiegelte Brief vom Empfänger geöffnet wurde. Dazu ein Beispiel: Cicero wollte seinem Freund Atticus eine vertrauliche Information zukommen lassen. Nachdem er seinen Brief diktiert hatte, begann er seine eigenhändige Subskription mit der Erklärung: »Jetzt schreibe ich mit eigener Hand. Denn, was ich Dir zu sagen habe, muß mit Diskretion behandelt werden.« In diesem speziellen Fall wollte Cicero nicht einmal, daß seine Tochter davon erfährt.

Cicero, *AdAtt* 11,24,2
Aber jetzt will ich eigenhändig schreiben, denn was nun kommt, muß ein wenig diskret behandelt werden. Kümmere Dich bitte auch jetzt noch um das Testament; ich wollte, es wäre damals errichtet worden, als sie begonnen hatte, Fragen zu stellen. Das hat Dich wohl nicht berührt; sie hat ja auch nicht nach Dir gefragt und auch nicht nach mir. Aber wie wenn es so wäre − Du bist ja doch schon mit ihr im Gespräch −, könntest Du ihr raten, ihr Eigentum jemandem zu treuen Händen zu überlassen, dessen Existenz durch den Krieg nicht gefährdet ist. Etwa Dir; das wäre mir das Liebste, wenn auch sie damit einverstanden ist. Die Ärmste! Ich möchte sie im unklaren darüber lassen, daß ich das Schlimmste befürchte.[9]

Postskriptum

Eine weitere Sorte von autographischen Subskriptionen, die man bis auf den heutigen Tag häufig in Privatbriefen findet, sind Notizen der Briefschreiber, an die sie nicht gedacht haben, als sie den Brief diktierten. Dies ist meine dritte Gruppe. Oft war etwas nur vergessen worden. Ich erinnere mich an Briefe, die mir meine Eltern, die beruflich viel gereist waren, ins Internat geschrieben haben. Einige davon waren ordentlich getippt und füllten die ganze Seite bis zur untersten Zeile. Doch die wahren Schätze standen in den kleinen, handschriftlichen Notizen am Rande und füllten auch das letzte Fleckchen. Oft war es dort, wo ich wichtige Informationen fand, die sich im letzten Moment ergeben hatten: wann genau ihr Flugzeug ankam, wer mich von der Schule abholen würde und wo wir uns wiedersehen würden. Aber betrachten wir besser ein Beispiel aus einer Familienkorrespondenz, die 2000 Jahre älter ist.[10]

Cicero, *AdQuintumFratrem* 3,1,17.19
Als ich diesen Brief zusammenfaltete, kamen heute, am 20., Eure Kuriere, nach 27tägiger Reise ... Als ich diese letzten Zeilen eigenhändig geschrieben hatte, kam Dein Cicero zu mir zum Essen, während Pomponia außerhalb speiste. Er gab mir Deinen wirklich mit aristophanischem Charme und Ernst geschriebenen Brief zu lesen, den er eben erhalten hatte; ich habe meine rechte Freude daran gehabt ... Wie freute er sich über diesen Brief, und ich nicht weniger! Er ist ein ganz reizender Bengel und liebt mich wie kein zweiter. (Dies habe ich Tiro bei Tisch diktiert, damit Du Dich nicht etwa wunderst, daß es von andrer Hand ist!)

Cicero hatte einen Brief an seinen Bruder Quintus diktiert und seinen Sekretär bereits entlassen, als ein Bote eintraf und ihm einen weiteren Brief seines Bruders überbrachte. Cicero macht sich sofort daran, ihm zu antworten, und fügt mit eigener Hand Abschnitte an den eigentlich schon abgeschlossenen Brief. Er war immer noch damit beschäftigt, als der Sohn seines Bruders, der ebenfalls Cicero hieß, zu Besuch kam und zum Essen blieb. Auch er hatte einen Brief von seinem Vater erhalten und die beiden Männer tauschten Neuigkeiten aus. Dann bestellt der Onkel spontan seinen Sklaven und Sekretär Tiro wieder ein. Und während die beiden Ciceros genüßlich schmausen, nimmt der arme Tiro das Diktat auf und fügt einen Abschnitt nach dem andern am Briefende an.

SITUATIONSBEZOGENE ANGABEN

Für private Briefwechsel ist es charakteristisch, daß dort Informationen ausgetauscht werden, die nur für die Korrespondenzpartner von Interesse sind. Das können Nachrichten sein, die nur kurze Zeit gültig sind, oder es können gemeinsame Bekannte und Ereignisse erwähnt sein, mit denen die Korrespondenzpartner vertraut sind und die sie deshalb nicht näher zu erläutern brauchen. Ich gebe Ihnen ein Beispiel aus einem Brief, der im zweiten Jahrhundert n.Chr. verfaßt wurde, und dessen Original heute in Gießen aufbewahrt wird.

Heron grüßt seinen Bruder Heraclides.
Ich erinnere dich daran, mein Herr, meiner Bitte zu entsprechen, die ich an dich von Angesicht zu Angesicht gerichtet habe. Wenn du mit mir keine Gnade haben willst, so denke doch wenigstens an das Mädchen, deine Tochter, und denke an Saturnilus und seine Frau.
[2. Hand:] Ich bete für deine Gesundheit, mein Herr.
[Rückseite: Adresse] An meinen Bruder Heraclides.
P.Giess.bibl.21. (2. Jhdt. n. Chr.)[11]

Wer ist »Saturnilus und seine Frau«? Worum hat Heron denn gebeten? Was ist vorgefallen? Wer hat den Gesundheitswunsch geschrieben − vielleicht das Mädchen? Wer ist überhaupt das »Mädchen und deine Tochter«, von dem Heron an seinen »Bruder« und »Herrn« schreibt? Ein Problem bei privaten Korrespondenzen besteht darin, daß späteren Lesern Informationen fehlen, die den Briefpartnern selbstverständlich waren und die sie daher nicht ausführen mußten. Natürlich wußte Heraclides, wer Saturnilus war, wußte, wie er mit Heron verwandt war, wußte, worum ihn Heron gebeten hatte, als er bei ihm war; und sicherlich hat er die Handschrift des Schlußgrußes gekannt.

Und dann ist da noch der zeitliche Aspekt, der richtige Moment, der so wesentlich ist beim Briefeschreiben. Heron sandte eine Nachricht, weil Heraclides einfach eine Entscheidung treffen mußte. War diese Entscheidung getroffen, ganz gleich ob sie in Herons Sinne ausfiel oder nicht, dann hatte der Brief seine Funktion erfüllt. Vielleicht würde Heraclides den Brief aufbewahren, er könnte ihn aber genauso gut wegwerfen, für die beiden Briefpartner war die nötige Kommunikation in dieser Sache abgeschlossen.

Ich schlage drei Kategorien vor, nach denen man situationsbezogene Angaben einteilen kann: aktuelle Informationen, die eine Reaktion der Briefempfänger erfordern und die daher nur eine begrenzte Zeit gültig sind, Eigennamen und Bezüge auf Ereignisse, mit denen die Korrespondenzpartner vertraut sind. Situationsbezogene Angaben aus allen drei Kategorien finden sich in den Paulusbriefen.

Aktuelle Informationen. Aktuelle, kurzlebige Nachrichten finden sich zum Beispiel am Ende des 1. Korintherbriefes, Paulus kündigt dort seinen Besuch an. Oder im 2. Timotheusbrief: Paulus bittet Timotheus, ihm die Bücher nachzusenden, die er in Troas liegen gelassen hat. Wenn diese Botschaften angekommen sind, haben sie ihren Zweck erfüllt. Es liegt dann an den Empfängern zu reagieren.

1 Kor 16,5-6
In Mazedonien will ich nämlich nicht bleiben, aber, wenn es möglich ist, bei euch, vielleicht sogar den ganzen Winter.

2 Tim 4,13
Wenn du kommst, bring den Mantel mit, den ich in Troas bei Karpus gelassen habe, auch die Bücher, vor allem die Pergamente.

Eigennamen. Die zweite Art von Informationen, die für private Briefwechsel charakteristisch aber von späteren Lesern so schwer aufzulösen sind, sind Erwähnungen von gemeinsamen Bekannten. Normalerweise tauchen Eigennamen wenigstens in den Adressen und den Grüßen am Briefschluß auf.

Phm 1b-2
An unseren geliebten Mitarbeiter Philemon, an die Schwester Aphia, an Archippus, unseren Mitstreiter, und an die Gemeinde in deinem Haus.

Röm 16,15
Grüßt Philologus und Julia, Nereus und seine Schwester, Olympas und alle Heiligen, die bei ihnen sind.

Wer war Aphia, Archippus, Philologus, Julia, Nereus oder Olympas? Sie spielen in den anderen Paulusbriefen keine Rolle. *Vertraute Ereignisse.* Die dritte Art von Informationen sind Bezüge auf Ereignisse, die nicht genau erklärt werden müssen, weil Briefschreiber und Briefempfänger damit vertraut sind. Zum Beispiel ist fast der einzige Hinweis auf den Aufenthaltsort des Paulus, als er den Brief an die Philipper schreibt, die beiläufige Erwähnung des »Prätoriums« und ein Gruß, den er ausrichtet von Christen, die zu »dem Haus des Kaisers« gehören.

Phil 1,13
Denn im ganzen Prätorium und bei allen übrigen ist offenbar geworden, daß ich um Christi willen im Gefängnis bin.

Phil 4,22
Es grüßen euch alle Heiligen, besonders die aus dem Haus des Kaisers.

Beide Bezüge setzen voraus, daß die Briefleser wissen, von wo aus Paulus schreibt und warum er »um Christi willen im Gefängnis« ist. Und da der griechische Ausdruck wörtlich nur besagt, daß »meine Ketten offenbar geworden sind« (Phil 1,13), können wir aus unserer späteren Perspektive nicht einmal mehr mit Sicherheit sagen, ob Paulus wirklich über Ketten im wörtlichen Sinne spricht oder ob er nicht im übertragenen Sinne von seinem Leiden oder nur von einer Verhaftung spricht. Für uns heute wäre es von großer Bedeutung, wenn wir zusätzliche Infomationen über die Ereignisse hätten, die zur Verhaftung des Paulus geführt haben. Wurde er angeklagt und wegen eines Verbrechens rechtmäßig verurteilt? Oder wurde er denunziert, und wenn ja, von wem? Von anderen Christen? Paulus eigene Worte lassen an diese Möglichkeit denken (Phil 1,15-18). Aber wie können wir sicher sein, wenn er sich kaum dazu äußert? Die Empfänger des Philipperbriefes wußten offensichtlich, wovon Paulus sprach.

Phil 1,16-17
Die einen predigen Christus aus Liebe, weil sie wissen, daß ich zur Verteidigung des Evangeliums bestimmt bin, die andern aus Ehrgeiz, nicht in redlicher Gesinnung; sie möchten die Last meiner Ketten noch schwerer machen.

Abschnitte mit unvollständig ausgeführten Anspielungen an Ereignisse sind in persönlichen Korrespondenzen häufig anzutreffen. Daß auch die Briefe des Paulus solche Abschnitte enthalten, ist daher wenig verwunderlich. Sehr viel auffälliger ist dagegen, daß der Galaterbrief und der zweite Thessalonicherbrief keinerlei solche Informationen enthalten. Auch die Grüße am Ende des 2. Korintherbriefes sind sehr allgemein gehalten und nennen keinen einzigen Namen. Das ist nicht üblich. Hat hier jemand ganz bewußt Namen, Ortsangaben, Reisepläne und all die Bezüge auf große und kleine, wichtige und triviale Ereignisse entfernt, die so charakteristisch sind für private Briefwechsel?

Aus exegetischer Sicht hat diese Beobachtung einen besonderen Reiz: nicht der Text, den wir lesen, bereitet Schwierigkeiten, sondern der Text den wir vermissen. Es ist schon schwer genug, antike Dokumente angemessen zu interpretieren, um wie viel größer ist die Herausforderung, eine antike Textpassage auszulegen, die gar nicht existiert! Und das leitet über zur nächsten Beobachtung, die jede Leserin oder jeder Leser der biblischen Paulusbriefsammlung machen kann: Offensichtlich ist die Korrespondenz nicht vollständig.

Fehlende Briefe

Ohne Zweifel hat Paulus in seinem Leben mehr als vierzehn Briefe geschrieben. Ebenso offensichtlich ist, daß die Paulusbriefsammlung keine Briefe enthält, die an Paulus gerichtet sind, obwohl er natürlich auch welche bekommen hat (vgl. 1Kor 7,1: »Nun zu den Anfragen eures Briefes!«). Und drittens werden ausdrücklich Schreiben erwähnt, die in der Sammlung nicht enthalten sind.

1 Kor 5,9
Ich habe euch in meinem Brief ermahnt, daß ihr nichts mit Unzüchtigen zu schaffen haben sollt.

2 Kor 2,4
Ich schrieb euch aus großer Bedrängnis und Herzensnot, unter vielen Tränen, nicht um euch zu betrüben, nein, um euch meine übergroße Liebe spüren zu lassen.

2 Kor 7,8
Daß ich euch aber mit meinem Brief traurig gemacht habe, tut mir nicht leid.

2 Kor 10,10
Ja, die Briefe, wird gesagt, die sind wuchtig und voll Kraft, aber sein persönliches Auftreten ist matt, und seine Worte sind armselig.

Zur Entspannung wieder eine Aufgabe zum Mitdenken: Warum verweist 2 Kor 10,10 auf einen verlorenen Brief des Paulus?

In seinem ersten Brief an die Korinther scheint Paulus auf einen früheren Brief nach Korinth Bezug zu nehmen (1 Kor 5,9). In seinem zweiten Brief an die Korinther erwähnt er zweimal vorhergehende Briefe, seine Beschreibung aber, »Ich schrieb euch ... unter vielen Tränen« (2 Kor 2,4) und »habe ... euch mit meinem Brief traurig gemacht« (2 Kor 7,8), will nicht recht zum 1. Korintherbrief passen. Und im weiteren Verlauf des 2. Korintherbriefes (2 Kor 10,10) zitiert Paulus Kritiker aus Korinth mit den Worten: »Die Briefe ... sind wuchtig und voll Kraft«, woraus ersichtlich wird, daß die Korinther mehr als einen Brief erhalten haben müssen, als sie 2 Kor 10,10 lasen.

Kol 4,16
Wenn der Brief bei euch vorgelesen worden ist, sorgt dafür, daß er auch in der Gemeinde von Laodizea bekannt wird, und den Brief an die Laodizener lest auch bei euch vor.

Angesichts der Tatsache, daß die Kanonische Ausgabe keinen Brief an die Laodizener enthält, bezieht sich der Kolosserbrief hier auf einen verlorenen Brief.

WECHSELNDE BEWERTUNG DES ADRESSATEN

Die nächste Beobachtung betrifft nur den 2. Korintherbrief. In diesem Brief ändert Paulus seine Einstellung gegenüber den Korinthern innerhalb des Briefes ohne dafür eine Erklärung abzugeben. Vergleicht man Passagen aus den Kapiteln 7–9 mit Aussagen über die Korinther in den Kapiteln 10–13, werden erhebliche Gegensätze deutlich.

2 Kor 7,4
Ich habe großes Vertrauen zu euch; ich bin sehr stolz auf euch.

2 Kor 8,7
Wie ihr aber in allem reich seid, an Glauben, Rede und Erkenntnis, an jedem Eifer und an der Liebe, die wir in euch begründet haben, so sollt ihr euch auch an diesem Liebeswerk mit reichlichen Spenden beteiligen.

2 Kor 11,3
Ich fürchte aber, wie die Schlange einst durch ihre Falschheit Eva täuschte, könntet auch ihr in euren Gedanken von der aufrichtigen und reinen Hingabe an Christus abkommen.

2 Kor 12,20
Denn ich fürchte, daß ich euch bei meinem Kommen nicht so finde, wie ich euch zu finden wünsche, und daß ihr mich so findet, wie ihr mich nicht zu finden wünscht.

Zunächst spricht Paulus in höchster Anerkennung von den Korinthern, und dann beschimpft er sie, er findet in den Kapiteln 10–13 kein gutes Wort mehr für sie. Und als Leser erfahren wir nicht, was diesen plötzlichen Sinneswechsel ausgelöst hat. Wenn er nun schlechte Nachrichten aus Korinth erhalten hätte, während er den 2. Korintherbrief schrieb, warum korrigierte er das Lob am Anfang des Briefes nicht? Dieser plötzliche Gesinnungswechsel hat in den anderen Paulusbriefen keine Parallele.[12]

Der plötzliche Wechsel in der Bewertung der Korinther hat mich seit meiner Studentenzeit fasziniert, es war das erste exegetische Problem, das mich ganz in seinen Bann zog. Ich habe seitdem gelesen, was ich zu diesem Problem finden konnte, aber keine der Antworten hat mich zufrieden gestellt. Je mehr ich las, desto mehr wurde mir bewußt, daß es heute keine allgemein anerkannte Deutung dafür gibt. Es gibt eine ganze Reihe sehr intelligenter Vorschläge, die das Phänomen durch die Annahme zu erklären versuchen, daß Textabschnitte aus mehreren ursprünglichen Briefen herausgelöst und neu zusammengesetzt wurden. Aber niemand konnte mir sagen, was die Redakteure erreichen wollten, als sie den 2. Korintherbrief so zusammensetzten, wie sie es angeblich taten. Wonach ich suchte, war eine Erklärung, die mir half, den Text dieses Briefes so zu verstehen, wie er in der Bibel geboten wird. Erst als ich mich mit anderen Briefsammlungen dieser Zeit beschäftigte, hatte ich das Gefühl, einer Lösung näher zu kommen. Und allmählich entwickelte ich eine Theorie. Diese Theorie möchte ich Ihnen im letzten Kapitel dieses Buches vorstellen.

Unerwartete Exkurse

Es gibt eine ganze Reihe von Abschnitten in den Paulusbriefen, die den sprachlichen Zusammenhang zu unterbrechen scheinen. Streicht man diese Passagen, so wirkt der Text harmonischer. Ich nenne diese Abschnitte im Folgenden unerwartete Exkurse. Sie behandeln Themen, die lose mit dem Kontext verknüpft sind.

Läßt man beispielsweise 1 Kor 12,31b–14,1a weg, das ist mehr als ein ganzes Kapitel, dann liest sich der Text folgendermaßen:

1 Kor 12,27-31a 14,1b-3.
Ihr aber seid der Leib Christi, und jeder einzelne ist ein Glied an ihm. So hat Gott in der Kirche die einen als Apostel eingesetzt, die andern als Propheten, die dritten als Lehrer; ferner verlieh er die Kraft, Wunder zu tun, sodann die Gaben, Krankheiten zu heilen, zu helfen, zu leiten, endlich die verschiedenen Arten von Zungenrede. Sind etwa alle Apostel, alle Propheten, alle Lehrer? Haben alle die Kraft, Wunder zu tun? Besitzen alle die Gabe, Krankheiten zu heilen? Reden alle in Zungen? Können alle solches Reden auslegen? Strebt aber nach den Geistesgaben, vor allem nach der prophetischen Rede! Denn wer in Zungen redet, redet nicht zu Menschen, sondern zu Gott; keiner versteht ihn: Im Geist redet er geheimnisvolle Dinge. Wer aber prophetisch redet, redet zu Menschen: Er baut auf, ermutigt, spendet Trost.

Versuchen Sie einmal, in dem angeführten Textabschnitt die Stelle zu benennen, an der ein ganzes Kapitel Text ausgefallen ist. Dies ist keine einfache Aufgabe. Paulus spricht über das Zungenreden und die Gabe der Prophetie. Er meint, daß die erstrebenswerteste Geistesgabe die Gabe der Prophetie sei. Das Thema des Exkurses aber ist die Liebe.

Die Einleitung und das Ende von 1 Kor 13 lautet folgendermaßen:

1 Kor 13
[Strebt aber nach den höheren Gaben]. Ich zeige euch jetzt noch einen anderen Weg, einen, der alles übersteigt: Wenn ich in den Sprachen der Menschen und Engel redete, / hätte aber der Liebe nicht, / wäre ich dröhnendes Erz oder eine lärmende Pauke. // Und wenn ich prophetisch reden könnte, / und alle Geheimnisse wüßte / und alle Erkenntnis hätte; / wenn ich alle Glaubenskraft besäße / und Berge damit versetzen könnte, / hätte aber die Liebe nicht, / wäre ich nichts ...

Für jetzt bleiben Glaube, Hoffnung, Liebe, diese drei; / doch am größten unter ihnen ist die Liebe. Jagt der Liebe nach! [Strebt aber auch nach den Geistesgaben, vor allem nach der prophetischen Rede.]

1 Kor 13 knüpft an die Themen Zungenrede und Prophetie an. Und es besteht noch eine deutliche Verbindung zwischen dem Ausdruck »strebt nach den höheren Gaben« vor dem Exkurs und »die größte aber ist die Liebe« am Ende. Der auf den

Exkurs folgende Text wiederholt fast wörtlich die einleitende Wendung: »strebt aber nach den Gaben des Geistes«. Der umliegende Text deutet diesen Exkurs nicht an, das Wort »Liebe« ist in 1 Kor 12 kein einziges Mal benutzt. Obwohl es keinen zwingenden Grund für die Annahme gibt, daß das 13. Kapitel erst zu einem späteren Zeitpunkt eingefügt wurde, bleibt es doch eine mögliche Erklärung. Dadurch daß der Exkurs am Ende die Worte des Anfangs wieder aufnimmt, signalisiert er den Lesern, wie er mit dem umgebenden Text in Verbindung steht. Es gibt aber auch andere Exkurse, deren Verbindung zum Kontext nur schwer zu verstehen ist.

Ein solcher, viel diskutierter Abschnitt findet sich gegen Ende des folgenden Kapitels in 1 Kor 14,34-35. Paulus setzt sich hier immer noch mit der Gabe der Prophetie auseinander. Die Passage lautet:

1 Kor 14,34-35
Die Frauen sollen in der Versammlung schweigen; es ist ihnen nicht gestattet zu reden. Sie sollen sich unterordnen, wie auch das Gesetz es fordert. Wenn sie etwas wissen wollen, dann sollen sie zu Hause ihre Männer fragen; denn es gehört sich nicht für eine Frau, vor der Gemeinde zu reden.

Der Text ohne die bewußte Passage lautet folgendermaßen:

Wenn aber noch einem andern Anwesenden eine Offenbarung zuteil wird, soll der erste schweigen; einer nach dem andern könnt ihr alle prophetisch reden. So lernen alle etwas und alle werden ermutigt. Die Äußerung prophetischer Eingebungen ist nämlich dem Willen der Propheten unterworfen. Denn Gott ist nicht ein Gott der Unordnung, sondern ein Gott des Friedens. So ist es in allen Gemeinden der Heiligen üblich. Ist etwa das Gotteswort von euch ausgegangen? Ist es etwa nur zu euch gekommen? Wenn einer meint, Prophet zu sein oder geisterfüllt, soll er in dem, was ich euch schreibe, ein Gebot des Herrn erkennen. Wer das nicht anerkennt, wird nicht anerkannt. Strebt also nach der Prophetengabe, meine Brüder, und hindert niemand daran, in Zungen zu reden. Doch alles soll in Anstand und Ordnung geschehen.[13]

Als ich einmal die Teilnehmer eines Seminares dazu aufforderte, die Stelle zu finden, an der ich den Exkurs herausgenommen habe, gelang es niemandem. Paulus möchte, daß die Propheten nicht alle zur gleichen Zeit das Wort ergreifen sondern nacheinander reden. Dies sollte möglich sein, denn die »Äußerung prophetischer Eingebung« ist dem Willen der Propheten unterworfen. Paulus argumentiert damit, daß dies in allen anderen christlichen Gemeinden, von denen die Korinther das Evangelium empfangen haben, so üblich ist: »Oder ist das Wort Gottes etwa von Euch ausgegangen?« Er schließt mit der Zusammenfassung, daß die Gabe der Prophetie zwar erstrebenswert ist, Ihre Ausübung aber nicht zu Unordnung im Gemeindeleben führen darf.

Der Exkurs aber spricht vom Verhalten der Frauen. Er steht vor dem Satz: »Ist das Wort Gottes von euch ausgegangen?« Wem stellt Paulus diese Frage? Den Frauen? Der Zusammenhang scheint gestört.

Drei griechische Handschriften, die Kodizes Claromontanus (D 06), Augiensis (F 010) und Boernerianus (G 012) bieten diesen Abschnitt nicht an dieser Stelle (nach 1Kor 14,33) sondern am Ende des Kapitels, nach 1Kor 14,40. Der Text sieht in der gemeinsamen Vorform also ganz ähnlich aus wie das Textbeispiel, das ich oben künstlich gebildet habe. Es gibt zwei mögliche Erklärungen für diesen Befund: entweder gehörte die Passage nicht zum Text des Archetyps der handschriftlichen Überlieferung und wurde später von verschiedenen Händen an unterschiedlichen Stellen in den Text eingefügt, oder der Abschnitt wurde aus redaktionellen Überlegungen heraus an eine Stelle verschoben, an der er den Zusammenhang nicht so störend unterbrach. Beide Erklärungsmodelle lassen sich an anderen Beispielen im Neuen Testament demonstrieren.[14]

Aber wie wird die Verbindung zum Kontext hergestellt? Normalerweise ziehen moderne Bibelausgaben die Passage zur vorhergehenden Wendung: »Wie in allen Gemeinden der Heiligen üblich ist, sollen die Frauen in der Versammlung schweigen.« Diese Übersetzung legt die Deutung nahe: Falls ihr nicht Unordnung sondern Ordnung wünscht – so wie es alle Gemeinden tun – dann dürft ihr einer Frau auch nicht erlauben, in der Gemeinde zu sprechen.

Der griechische Text in den erhaltenen Handschriften gibt aber keinerlei Hilfestellung, um den Satzanfang zu ermitteln. Die ältesten griechischen Handschriften weisen keine Satzzeichen wie Kommata oder Punkte auf. Kodex p46 beispielsweise hat auch keine Absatzmarkierungen, es sind nicht einmal Abstände zwischen den Wörtern eingefügt. Der Text des gesamten 1. Korintherbriefes sieht für uns heute aus wie ein einziges, schrecklich langes Wort (Abbildung 6).

Die abgebildete Seite des p46 reicht von 1Kor 14,34 bis 15,6. Von den drei ersten Zeilen (14,34) fehlen zwei und einhalb, nur elf Buchstaben davon sind lesbar. Am oberen Seitenrand steht die Seitenzahl 110 in griechischen Buchstaben. Jemand hat kleine Striche eingetragen, vielleicht um den Text besser lesen zu können, aber ein System ist dahinter nicht erkennbar. In Zeile 18 hatte der Schreiber zunächst eine Lücke gelassen. Wahrscheinlich wollte er dort später etwas nachtragen, das er in der Vorlage nicht verstand, mußte dann aber feststellen, daß dort nichts nachzutragen sei und füllte die Lücke mit einem Strich. Auch das erste auf die Lücke folgende Wort war überflüssig, und der Schreiber setzte Punkte darüber um die Streichung anzuzeigen.[15]

Das angesprochene Thema, ob Frauen während des Gottesdienstes reden dürfen oder nicht, paßt nicht gut in den umgebenden Text. Auf der anderen Seite nimmt der Exkurs aber Wörter aus dem Kontext auf: »unterrichten«, »beherrschen« und »Gemeinden«. Auch besteht eine lose Verbindung zwischen dem prophetischen »Reden« und den »redenden« Frauen, allerdings ist dasselbe griechische Wort bei den Propheten positiv besetzt, während es in bezug auf die Frauen abwertend verwendet wird.

Außerdem scheint sich Paulus selbst zu widersprechen. An einer Stelle im vorhergehenden Text, an der sich Paulus mit Frauen beschäftigt, die die Gabe der prophetischen Rede haben, äußert er keinerlei Einwände dagegen, daß sie diese Gabe auch im Gottesdienst praktizieren. Es ist ihm nur wichtig, daß die Frauen eine Kopfbedeckung tragen, wenn sie reden.

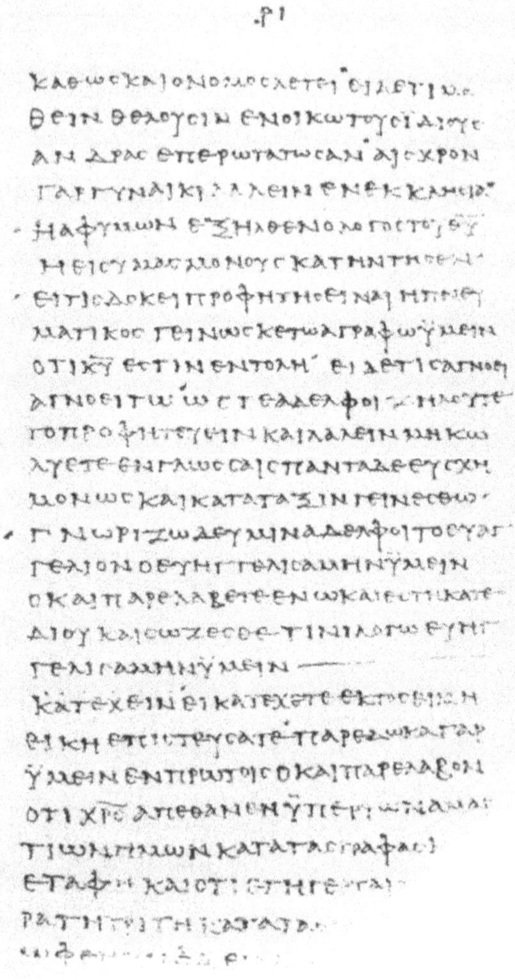

ΚΑΘΩϹΚΑΙΟΝΟΜΟϹΛΕΓΕΙ ΕΙ ΔΕ ΤΙ ΜΑ-
ΘΕΙΝ ΘΕΛΟΥϹΙΝ ΕΝΟΙΚΩΤΟΥϹ ΙΔΙΟΥϹ
ΑΝΔΡΑϹ ΕΠΕΡΩΤΑΤΩϹΑΝ ΑΙϹΧΡΟΝ
ΓΑΡ ΓΥΝΑΙΚΙ ϹΑΛΕΙΝ ΕΝ ΕΚΚΛΗϹΙΑ·
Η ΑΦ ΥΜΩΝ Ο ΛΟΓΟϹ ΤΟΥ ΘΥ
ΕΞΗΛΘΕΝ Η ΕΙϹ ΥΜΑϹ ΜΟΝΟΥϹ ΚΑΤΗΝΤΗϹΕΝ·
ΕΙ ΤΙϹ ΔΟΚΕΙ ΠΡΟΦΗΤΗϹ ΕΙΝΑΙ Η ΠΝΕΥ-
ΜΑΤΙΚΟϹ ΓΕΙΝΩϹΚΕΤΩ Α ΓΡΑΦΩ ΥΜΕΙΝ
ΟΤΙ ΚΥ ΕϹΤΙΝ ΕΝΤΟΛΗ· ΕΙ ΔΕ ΤΙϹ ΑΓΝΟΕΙ
ΑΓΝΟΕΙΤΩ ΩϹΤΕ ΑΔΕΛΦΟΙ ΜΗ ΟΥ-
ΤΩ ΠΡΟΦΗΤΕΥΕΙΝ ΚΑΙ ΛΑΛΕΙΝ ΜΗ ΚΩ-
ΛΥΕΤΕ ΕΝ ΓΛΩϹϹΑΙϹ ΠΑΝΤΑ ΔΕ ΕΥϹΧΗ-
ΜΟΝΩϹ ΚΑΙ ΚΑΤΑ ΤΑΞΙΝ ΓΕΙΝΕϹΘΩ·
ΓΝΩΡΙΖΩ ΔΕ ΥΜΙΝ ΑΔΕΛΦΟΙ ΤΟ ΕΥΑΓ-
ΓΕΛΙΟΝ Ο ΕΥΗΓΓΕΛΙϹΑΜΗΝ ΥΜΕΙΝ
Ο ΚΑΙ ΠΑΡΕΛΑΒΕΤΕ ΕΝ Ω ΚΑΙ ΕϹΤΗΚΑΤΕ
ΔΙ ΟΥ ΚΑΙ ϹΩΖΕϹΘΕ ΤΙΝΙ ΛΟΓΩ ΕΥΗΓ-
ΓΕΛΙϹΑΜΗΝ ΥΜΕΙΝ ——
ΚΑΤΕΧΕΙΝ ΕΙ ΚΑΤΕΧΕΤΕ ΕΚΤΟϹ ΕΙ Μ Η
ΕΙΚΗ ΕΠΙϹΤΕΥϹΑΤΕ ΠΑΡΕΔΩΚΑ ΓΑΡ
ΥΜΕΙΝ ΕΝ ΠΡΩΤΟΙϹ Ο ΚΑΙ ΠΑΡΕΛΑΒΟΝ
ΟΤΙ ΧΡϹ ΑΠΕΘΑΝΕΝ ΥΠΕΡ ΤΩΝ ΑΜΑΡ-
ΤΙΩΝ ΗΜΩΝ ΚΑΤΑ ΤΑϹ ΓΡΑΦΑϹ
ΕΤΑΦΗ ΚΑΙ ΟΤΙ ΕΓΗΓΕΡΤΑΙ
ΤΗ ΗΜΕΡΑ ΤΗ ΤΡΙΤΗ ΚΑΤΑ ΤΑϹ

Abbildung 6   Chester Beatty Papyrus p46

1 Kor 11,5
Eine Frau aber entehrt ihr Haupt, wenn sie betet oder prophetisch redet und dabei ihr Haupt nicht verhüllt.

Unabhängig von Erklärungen, die man für solche Passagen findet, diese unerwarteten Exkurse stellen eine der charakteristischen Eigenschaften der Paulusbriefe dar.

WECHSEL IM STIL

Eine weitere Besonderheit der biblischen Paulusbriefsammlung besteht darin, daß sich einige Briefe stilistisch erheblich von anderen Briefen unterscheiden. Dieser uneinheitliche Stil fällt besonders beim Hebräerbrief und den Pastoralbriefen auf. (»Pastoralbriefe« sind eine geläufige Sammelbezeichnung für die beiden Briefe an Timotheus und den Titusbrief.) Wortstatistiken zeigen, daß die Pastoralbriefe 335 Wörter enthalten, die in den anderen Paulusbriefen nicht vorkommen. Natürlich hat jeder Brief eine bestimmte Anzahl von Wörtern, die in den anderen Briefen nicht benutzt werden, aber der Anteil dieser Wörter ist in den Pastoralbriefen zweieinhalbmal so hoch wie bei den anderen Briefen der Sammlung. Auf der anderen Seite kommen Redewendungen, die sich innerhalb der Pastoralbriefe mehrfach wiederholen, in den anderen Briefen kein einziges Mal vor. Wie im Deutschen gibt es auch im Griechischen eine Reihe von Füllwörtern, die nicht wirklich nötig sind, die aber Schreibgewohnheiten anzeigen, deren sich die Autoren oft selbst nicht bewußt sind. Im Deutschen wären das zum Beispiel »wohl«, »etwa«, »so« oder »nun«. Die anderen Paulusbriefe haben eine ganze Reihe solcher Wörter, in den Pastoralbriefen aber fehlen sie vollständig.[16]

ANACHRONISMEN

Die Paulusbriefsammlung enthält einige Abschnitte, die sich leicht als Anachronismen deuten lassen. Unter Anachronismus versteht man eine falsche zeitliche Zuordnung von Personen, Dingen oder Ereignissen. Wenn in einem Western ein Indianer eine Digitaluhr trägt, so handelt es sich um einen offensichtlichen Anachronismus. Anachronismen sind von den Autoren meist nicht beabsichtigt, und deshalb sind Fehler wie diese manchmal der einzige Weg Fälschungen aufzudecken.

Anachronismen können nur erkannt werden, wenn man vom untersuchten Text unabhängige, zuverlässige historische Informationen besitzt. Und selbst dann hängt es noch entscheidend davon ab, ob die Interpreten dazu bereit sind, auch die Möglichkeit zu erwägen, daß die Autoren ihre Leser täuschen wollen. In bezug auf das Neue Testament haben wir da sicherlich Hemmungen. Welcher Bibelleser, welche Bibelleserin ist ohne weiteres bereit zuzustimmen, daß ein Autor des Neuen Testamentes mit Täuschungsabsicht schreibt?

Aber, von dem Wenigen, das wir über die erste Hälfte des zweiten Jahrhunderts aus Quellen wissen, die mit dem Neuen Testament nicht in Verbindung stehen, sind wir gut unterrichtet über zwei religiöse Strömungen, die in Konkurrenz zu der Bewegung stand, aus der die katholische Kirche erwuchs: der Gnostizismus und die Kirche Markions. Beide Bewegungen waren sehr stark. Viele Gnostiker und alle Mitglieder der markionitischen Kirche verstanden sich als wahre Christen. Die Vorstellungen, die Paulus im Kolosserbrief bekämpft, haben große Ähnlichkeit mit gnostischen Vorstellungen. Wenn der Gnostizismus aber zur Zeit des Paulus noch gar nicht existierte, dann wäre der Kolosserbrief anachronistisch: Paulus bekämpft eine religiöse Bewegung des zweiten Jahrhunderts.

Eine andere, viel zitierte Passage, die als Anachronismus ausgelegt werden kann, findet sich am Ende des 1. Timotheusbriefes. Das Hauptwerk des erwähnten Kirchengründers Markion trug den Titel *Antithesen*. Lassen Sie mich den Text wörtlich übersetzen:

1 Tim 6,20
Timotheus, bewahre sorgsam, was Dir anvertraut ist. Wende Dich ab vom gottlosen Geschwätz und von den *Antithesen* der fälschlich so genannten *Gnosis*.

Die Auslegung stützt sich dabei auf zwei Begriffe, die beide eine doppelte Bedeutung aufweisen. Antithesen bedeutet »Gegensätze« und könnte abwertend als »Widersprüche, falsche Lehren, Gezänk« übersetzt werden, und das griechische Wort Gnosis bedeutet »Erkenntnis«. Die Einheitsübersetzung schlägt daher folgende deutsche Übertragung vor: »Halte dich fern von dem gottlosen Geschwätz und den falschen Lehren der sogenannten ‚Erkenntnis'«, und die Lutherübersetzung (1956) lautet: »Meide die ungeistlichen, losen Geschwätze und das Gezänke der fälschlich so genannten Erkenntnis, zu welcher sich etliche bekennen und irren ab vom Glauben«. Gerade wegen dieser doppelten Bedeutung der beiden Begriffe, kann kaum ein Zweifel darüber bestehen, daß christliche Leser im zweiten Jahrhundert unweigerlich an Markion und die Gnosis dachten, wenn sie diese Zeilen lasen. Vielleicht verstanden sie sie als prophetische Warnung des Apostels. Fest steht auch, daß es die offizielle Politik der Leiter der katholischen Christenheit war, sich von der markionitischen Kirche und von der Gnosis deutlich abzugrenzen, und ihrem kompromißlosen Einsatz ist es zu verdanken, daß sich die christliche Kirche in der Form ausgebildet hat, in der sie über die Jahrhunderte hinweg bestehen konnte. Dieselben Kirchenführer sind es auch, bei denen die Paulusbriefsammlung in unserer heutigen Form zum ersten Mal belegt ist und die diese Ausgabe eifrig gefördert haben. Könnte es da nicht sein, daß kirchliche Kräfte in ihrem gerechten Kampf gegen die Irrlehrer dem Apostel Paulus ein Wort in den Mund gelegt haben, das er niemals geschrieben hat?

Eine andere Aussage des 1. Timotheusbriefes besteht darin, daß Paulus eine Organisationsstruktur der Kirche voraussetzt, zu der ein Bischof (1 Tim 3,1b-7), Diakone (1 Tim 3,8-13), Älteste (1 Tim 5,17-22) und Witwen (1 Tim 5,3-16) gehören. Dies scheint die Kirchenstruktur des zweiten Jahrhunderts widerzuspiegeln, nicht aber die Situation zu Lebzeiten des Paulus.

Werfen wir beispielsweise einen näheren Blick auf die Witwen. Im zweiten Jahrhundert wurde unter dem Wort Witwe in christlichen Gemeinden nicht eine Frau verstanden, deren Ehemann verstorben war. Der Ausdruck beschrieb ganz bestimmte Aufgaben und wurde für Mitglieder christlicher Gemeinden benutzt, die diese Dienste übernommen hatten.

Ich grüße die Häuser meiner Brüder mit ihren Frauen und Kindern, sowie die Jungfrauen, die Witwen genannt werden.
Ignatius, *An die Smyrnäer* 13,1[17]

Als Ignatius, Bischof von Antiochien, ca. 110 n. Chr. an die Gemeinde in Smyrna einen Brief sandte, hatten offensichtlich weder er noch die Empfänger des Briefes damit Schwierigkeiten, Jungfrauen, also Frauen, die nie mit einem Mann geschlafen hatten, als Witwen zu bezeichnen. Und wenn Sie jetzt noch einen Blick auf 1 Tim 5,9-10 werfen, werden Sie feststellen, daß auch dieser Textabschnitt nicht von Frauen handelt, deren Ehemann gestorben ist.

1Tim 5,9-10
Eine Frau soll nur dann in die Liste der Witwen aufgenommen werden, wenn sie mindestens sechzig Jahre alt ist, nur einmal verheiratet war, wenn bekannt ist, daß sie Gutes getan hat, wenn sie Kinder aufgezogen hat, gastfreundlich gewesen ist und den Heiligen die Füße gewaschen hat, wenn sie denen, die in Not waren, geholfen hat und überhaupt bemüht war, Gutes zu tun.

Um eine Witwe im Sinne des 1. Timotheusbriefes zu sein, mußte der Name der Witwe in einer Liste aufgeführt werden, und sie qualifizierte sich für diese Liste nur unter klar festgelegten Bedingungen wie Mindestalter, sexuelles Verhalten, Mutterschaft, erfolgreiche Kindererziehung und weitere soziale und moralische Qualitäten. Für viele Ausleger des Neuen Testamentes sieht die Passage sehr nach einem plumpen Anachronismus aus: Paulus löst hier Probleme, die erst Jahrzehnte nach seinem Tod aufgetreten sind.

KONKURRIERENDE ERKLÄRUNGSMODELLE

Die charakteristischen Eigenschaften der Paulusbriefe, die ich Ihnen gerade vorgestellt habe, sind für ganz verschiedene Deutungen offen.

Traditionelle Sicht

Die traditionelle Sicht, wie ich sie nennen möchte, versteht alle kanonischen Paulusbriefe als echte Briefe, vom Apostel verfaßt und von der Christenheit im wesentlichen in der Form überliefert, in der sie Paulus damals versandt hat. Jeder Brief hat einen konkreten Anlaß, Zeitpunkt der Abfassung und Entstehungsort. Die griechischen Handschriften der Byzantinischen Rezension bewahren eine alte Überlieferung über die Entstehungssituationen der einzelnen Briefe. Diese Notizen wurden bis ins 20. Jahrhundert in den meisten kirchlichen Ausgaben abgedruckt und werden erst in jüngster Zeit nicht mehr in die Übersetzungen aufgenommen.[18] Sie nennen Korinth als Abfassungsort des Römerbriefes, Philippi in Mazedonien für die beiden Korintherbriefe und Rom für den Galaterbrief.

Der Entstehungsort des 1. Korintherbriefes ist wahrscheinlich falsch, da Paulus offensichtlich in Ephesus war, als er 1 Kor 16,8-9 formulierte, und es gibt im Text des Galaterbriefes auch keinen Anhaltspunkt dafür, daß er in Rom geschrieben wurde. Trotzdem haben sich diese Bemerkungen jahrhundertelang in den Handschriften und Druckausgaben gehalten und haben, obwohl sie kaum Einfluß auf historische Untersuchungen ausübten, das Bewußtsein der Bibelleser geprägt.

Echtheit

Einer der ersten bekannten Exegeten des Neuen Testamentes ist Clemens von Alexandrien, der im ausgehenden zweiten Jahrhundert in Ägypten wirkte. Clemens schlug für den stilistischen Unterschied zwischen dem Hebräerbrief und den anderen Briefen des Paulus folgende Erklärung vor: Paulus habe den Brief ohne seinen Namen zu nennen auf Hebräisch geschrieben und Lukas habe ihn ins Griechische übertragen.[19] Jedoch hat eine andere Deutung bei den Zeitgenossen des Clemens eine größere Anhängerschaft gefunden. Nur wenige Jahre nach Clemens schreibt der berühmte Kirchenvater und angesehene Gelehrte Origenes (gestorben 254):[20]

Euseb, *Historia ecclesiae* 6,25,11.14
Jeder, der Stile zu unterscheiden und zu beurteilen versteht, dürfte zugeben, daß der Stil des sog. Hebräerbriefes nichts von jener Ungewandtheit im Ausdruck zeigt, welche der Apostel selber eingesteht, wenn er sich als ungeschickt in der Rede, d. i. im Ausdruck bezeichnet (vgl. 2Kor 11,6), daß der Brief vielmehr in seiner sprachlichen Form ein besseres Griechisch aufweist ... Ich aber möchte offen erklären, daß die Gedanken vom Apostel stammen, Ausdruck und Stil dagegen einem Manne angehören, der die Worte des Apostels im Gedächtnis hatte und die Lehren des Meisters umschrieb. Wenn daher eine Gemeinde diesen Brief für paulinisch erklärt, so mag man ihr hierin zustimmen. Denn es hatte seinen Grund, wenn die Alten ihn als paulinisch überliefert haben. Wer indes tatsächlich den Brief geschrieben hat, weiß Gott. Soviel wir aber erfahren haben, soll entweder Klemens, der römische Bischof, oder Lukas, der Verfasser des Evangeliums und der Apostelgeschichte, den Brief geschrieben haben.

Bereits im zweiten Jahrhundert also wurde die Verfasserschaft des Hebräerbriefes von Auslegern des Neuen Testamentes in Frage gestellt. Diese Skepsis wurde über die Jahrhunderte aufrecht erhalten, und heute gelten nur sieben der vierzehn kanonischen Briefe des Paulus bei der Mehrheit der Ausleger des Neuen Testamentes als echt: der Römerbrief, die beiden Korintherbriefe, der Galater- und Philipperbrief, der 1. Thessalonicherbrief und der Philemonbrief. Die Echtheit der anderen sieben Briefe wird kritisch diskutiert. Dabei bilden die stilistischen Unterschiede und Passagen, die als Anachronismen interpretiert werden, die beiden wichtigsten Argumente für die Vertreter der Unechtheit.

Briefkompositionen

Ein weiterer Versuch, die charakteristischen Eigenschaften der Briefe des Paulus zu deuten, besteht darin, sie als Briefkompositionen zu verstehen. Das heißt, einige der kanonischen Paulusbriefe sind aus mehreren Briefen der ursprünglichen Korrespondenz zusammengesetzt. Diese Sicht wird häufig für den 2. Korintherbrief und den Römerbrief vertreten, dessen letztes Kapitel als eigenständiges Schreiben angesehen wird, aber auch für andere Briefe hat man solche Theorien vorgeschlagen. Damit wird der überraschende Wechsel in der Einstellung des Paulus gegenüber den Korinthern im 2. Korintherbrief erklärt. Und auch die unerwarteten Exkurse lassen sich so als Versatzstücke aus den Briefen, die in der Paulusbriefsammlung offensichtlich fehlen, verstehen.

Literarische Briefe

Ein weiteres Erklärungsmodell schlägt vor, daß es sich bei den Paulusbriefen nicht um persönliche Briefe im engeren Sinn handelt sondern um Literatur, die laut im Gottesdienst verlesen werden sollte, also eigentlich um Reden in Briefform.[21] Von ihrem literarischen Charakter her sind sie verwandt mit literarischen Testamenten und Abschiedsreden. Paulus wollte nicht nur diejenigen Gemeinden ansprechen, die im Briefkopf als Adressaten genannt sind, sondern legte zentrale Inhalte seiner Botschaft auch für künftige Generationen schriftlich nieder. Die genaue Empfängerangabe ist also unwesentlich, und der konkrete Anlaß, wo, wann und warum er schrieb, ebenfalls, ja der Anlaß könnte sogar nur erfunden sein.

Behandelt man die Briefe des Paulus als literarische Briefe, so hilft dies, die einheitlichen Briefanfänge zu verstehen, vor allem den ungewöhnlichen Segens- und Friedenswunsch und das darauf folgende Dankgebet. Diese Eigenschaften können leichter anhand literarischer Briefe und Testamente parallelisiert werden als in Privatbriefen. Situationsbezogene Angaben, die nur für den Empfänger des ursprünglichen Briefes von Interesse waren, wie Grüße, Besuchsankündigungen oder konkrete Bitten, aber auch die autographischen Subskriptionen, sollen zwar an private Briefwechsel erinnern, haben aber keinen historischen Wert. Unerwartete Exkurse, stilistische Unterschiede und Anachronismen könnten ebenfalls spätere redaktionelle Tätigkeit anzeigen.

Der plötzliche Wechsel der Einstellung im 2. Korintherbrief aber stellt auch für diese Sichtweise ein Problem dar. Wenn man den 2. Korintherbrief als literarisches Kunstwerk begreifen möchte, wird man erklären müssen, warum ein Redakteur so widersprüchliche Aussagen völlig unvermittelt nebeneinander stellt.

Zusammenfassung

Die dargestellten Deutungsmuster weichen in ihrer Vorstellung vom Charakter und Umfang der Bearbeitung, welche die Briefe erfahren haben, bevor sie in das Neue Testament aufgenommen wurden, erheblich voneinander ab. Und um diese Frage soll es im folgenden Kapitel gehen. Wie sieht typische redaktionelle Tätigkeit in der Antike aus, wenn Briefe für die Veröffentlichung vorbereitet werden?

Die Briefe des Paulus im Lichte antiker Briefausgaben

Vergleichbare Sammlungen

Ich habe diesen Cartoon[22] einmal während einer Vorlesung an die Leinwand projiziert. Meine Zuhörer konnten sich vor Lachen kaum halten. Natürlich hatte ich mit Heiterkeit gerechnet, aber diese starke Reaktion überraschte mich doch. Dann habe ich die Studierenden direkt gefragt: »Stammt der Text, wie wir ihn heute lesen, tatsächlich aus einem Brief, den Paulus so in die Post gegeben hat?« Fast alle Hände gingen hoch.
  Zweifellos würden die wenigsten von uns ungebeten die Post anderer Leuten lesen. Warum aber lachen wir dann über die naive Reaktion des Jungen? Es kommt wohl daher, denke ich, daß wir diese Briefe neben anderen Schriften in einem gedruckten Buch, dem Neuen Testament, lesen. Sobald Briefe veröffentlicht sind, sind es keine richtigen Briefe mehr, ganz gleich wie persönlich sie ursprünglich einmal waren. Die Leser der Veröffentlichung sind nicht die Empfänger der ursprünglichen Briefe. Der Charakter der Briefe ändert sich, sie werden zu Literatur.

Literarischer Brief oder Privatbrief?

Lassen Sie uns einen Moment innehalten und die benutzten Begriffe klären. Was genau ist mit einem Privatbrief gemeint, was ist mit einem literarischen Brief gemeint? Wenn ich den Begriff Privatbrief benutze, denke ich an einen Brief der geschrieben wurde, weil der Autor nicht gewillt oder in der Lage war, unmittelbar mit den Empfängern zu sprechen. Sobald der Brief aber die Empfänger erreicht hat und gelesen wurde, hat er seine Funktion erfüllt.
  Ein literarischer Brief verfolgt dagegen andere Ziele. Sein Leserkreis ist die Öffentlichkeit. Er ist ein Kunstwerk. In ihm bemüht sich der Autor, seine Philosophie festzuhalten, wie der lateinische Philosoph und Zeitgenosse von Paulus, L. Aennaeus Seneca (4 v. Chr.–65 n. Chr.), es in seinen *Epistulae morales* getan hat. Ein anderer schreibt Gedichte in der Form von Liebesbriefen wie es P. Ovidius Naso (43 v. Chr.–18 n. Chr.) in seiner *Ars amatoria* gemacht hat. Ein anderer schreibt, heutigen Beiträgen im Feuilleton von Tageszeitungen nicht unähnlich,

Unterhaltendes für Gebildete, wie es der römische Politiker C. Plinius Caecilius Secundus (61/62–ca. 112 n. Chr.) in seinen neun Büchern Briefe vorgelegt hat.

Versandt oder nicht? Einer Schlüsselrolle bei der Unterscheidung zwischen Privatbrief und literarischem Brief kommt meiner Meinung nach der Antwort auf die Frage zu, ob der Brief unbedingt versandt werden mußte, um seinen Zweck zu erfüllen. Wenn der Brief genau so gut persönlich überreicht oder veröffentlicht werden konnte und immer noch seine Aufgabe erfüllte, möchte ich nicht mehr von einem Privatbrief sprechen.

Dazu zwei Beispiele: Ein kleines Mädchen malt ein Bild und schreibt dem Bundeskanzler, er solle etwas für die vielen Kinder in dieser Welt unternehmen, die nicht genug zu essen haben. Die örtliche Tageszeitung druckt diesen Brief ab. Solch ein Brief muß nicht unbedingt versandt werden, das Mädchen hätte ihn auch persönlich überreichen können. Wichtiger als das Versenden ist das öffentliche Interesse, das mit der Überreichung dieses Briefes verbunden ist.

Es gibt aber auch Briefe, deren Verfassernamen oder deren Empfänger frei erfunden sind. Man kann einen solchen Brief gar nicht zustellen. So etwas liegt vielleicht im biblischen Lukasevangelium vor.

Lk 1,1-4
Schon viele haben es unternommen, einen Bericht über all das abzufassen, was sich unter uns ereignet und erfüllt hat. Dabei hielten sie sich an die Überlieferung derer, die von Anfang an Augenzeugen und Diener des Wortes waren. Nun habe auch ich mich entschlossen, allem von Grund auf sorgfältig nachzugehen, um es für dich, hochverehrter Theophilus, der Reihe nach aufzuschreiben. So kannst du dich von der Zuverlässigkeit der Lehre überzeugen, in der du unterwiesen wurdest.

Der erste Satz des Lukasevangelium nennt den Namen einer Person, für die dieses Evangelium bestimmt ist, Theophilus. Dadurch sieht die Schrift nach einem Brief aus. Selbstverständlich handelt es sich beim Lukasevangelium um Literatur und nicht um persönliche Korrespondenz. Man kann sich leicht

vorstellen, daß der Verfasser des Evangeliums, wenn er sein Werk abgeschlossen hat, das erste Exemplar Theophilus persönlich überreicht. Vielleicht ist Theophilus sogar ein erfundener Name. Die wörtliche Übersetzung lautet: »Jemand, der Gott liebt«. Das würde ausgezeichnet passen auf jeden christlichen Leser des Evangeliums.
Original oder Kopie? Ein weiteres Unterscheidungsmerkmal besteht darin, daß es sich bei einem Privatbrief immer um ein Original handelt, während es sich bei Literatur immer um Vervielfältigungen handelt. Sobald ein Brief kopiert und an Leute verteilt wird, an die er ursprünglich nicht adressiert war, hört er auf, Privatbrief zu sein. Unter diesem Gesichtspunkt wird die Beobachtung wichtig, daß einige Paulusbriefe noch Spuren von autographischen Briefschlüssen aufweisen. Diese Briefschlüsse erwecken bei den Lesern den Eindruck, daß die Kopie, die sie lesen, vom ursprünglichen Brief in der Form, wie er den Empfängern vorlag, gemacht wurde.

Die Paulusbriefsammlung gibt sich also als Veröffentlichung einer privaten Korrespondenz. Aber es ist eben eine Veröffentlichung, eine Bearbeitung. Und es erhebt sich die Frage, ob noch geklärt werden kann, was an den Briefen verändert wurde, als sie gesammelt herausgegeben wurden.

Ich habe ungefähr 200 Briefsammlungen zwischen 300 v. Chr. und 400 n. Chr. untersucht, die aus der Feder von mehr als hundert verschiedenen Verfassern stammen und insgesamt mehr als 3000 Briefe umfassen. Ich habe mich dann auf Sammlungen konzentriert, die den Anspruch erheben, tatsächlich geführte Korrespondenzen zu verarbeiten. Sie schienen mir für einen Vergleich mit der Paulusbriefsammlung besonders geeignet zu sein. Und immer wieder habe ich dieselbe Frage gestellt: Was wurde üblicherweise geändert, wenn Briefe als Sammlungen veröffentlicht wurden? Eine Beobachtung habe ich gleich gemacht: Briefsammlungen entstehen normalerweise nicht auf einen Schlag. Sie entwickeln sich.

Drei Entwicklungsstufen

Fast immer lassen sich drei Entwicklungsstufen erkennen, und auf jeder Stufe werden andere redaktionelle Ziele verfolgt (Tabelle 6).

Tabelle 6: Drei Entwicklungsstufen:

1. Autorenrezensionen
Der Verfasser der Briefe veröffentlicht ausgewählte Briefe.

2. Erweiterte Ausgaben
Nach dem Tod des Verfassers werden die Autorenrezensionen um weitere Briefe ergänzt. Es kommt auch zu zusätzlichen Ausgaben unveröffentlichter Briefe.

3. Gesamtausgaben
Alle erreichbaren Sammlungen werden kombiniert.

Womit ich persönlich nicht gerechnet hatte, war, daß so gut wie alle Sammlungen, die ich untersuchte und die sich auf tatsächlich geführte Korrespondenzen zurückführen ließen, in ihrer Urform von den Briefautoren selbst herausgegeben worden waren. Die Verfasser wählten Briefe aus und bearbeiteten sie. Wenn sie dabei auf Leserinteresse stießen, ließen sie weitere Sammlungen folgen. Diese Ursammlungen nenne ich Autorenrezensionen.

Die zweite Entwicklungsstufe beginnt häufig mit dem Tod des Briefautors. Weitere unveröffentlichte Briefe werden gesammelt. Wenn diese Briefe mit den umlaufenden Autorenrezensionen thematisch verwandt sind, werden sie im Anhang dazu veröffentlicht. Falls sich die neuen Briefe aber nicht ohne weiteres damit in Verbindung bringen lassen, werden die Briefe als eigenständige Sammlungen veröffentlicht, wobei meist Briefe ähnlichen Inhalts oder an gleichen Adressaten zusammengestellt werden. In diesem Stadium gelangen auch schon die ersten unechten Briefe in die Sammlungen. Diese Ausgaben der zweiten Entwicklungsstufe nenne ich erweiterte Ausgaben.

Die letzte Entwicklungsstufe einer Briefsammlung ist dann erreicht, wenn die Herausgeber versuchen, eine Ausgabe herzustellen, die alle bekannten Briefe enthält. Solche Ausgaben nenne ich im Folgenden Gesamtausgaben.
Versucht man nun, diese drei Stufen auf die Paulusbriefsammlung zu übertragen, so läßt sich die biblische Paulusbriefsammlung der vierzehn Briefe leicht mit dem dritten Stadium, also einer angestrebten Gesamtausgabe, in Verbindung bringen. Das war einfach. Aber wie sieht es mit den Vorformen aus?
Wir haben bereits festgestellt, daß es Sammlungen ohne den Hebräerbrief gab. Könnte es sich bei dieser Sammlung um eine Ausgabe der zweiten Entwicklungsstufe handeln? Und wenn ja, kann man noch hinter dieses Stadium zurückgehen und nach einer Autorenrezension des Paulus suchen? Ich bin tatsächlich der Ansicht, daß der griechische Text der Paulusbriefsammlung genügend Hinweise bietet, um noch Reste einer Autorenrezension erkennen zu können.

Methodische Überlegungen

Doch bevor ich meine Schlußfolgerungen vorstelle, möchte ich mit Ihnen doch noch die Frage erörtern, ob uns der Weg, auf den ich Sie führen möchte, wirklich dem Ziel näher bringen kann. Ist es denn nicht völlig unangemessen, einfach davon auszugehen, daß die Paulusbriefsammlung im wesentlichen genau so entstanden ist, wie die meisten anderen Briefsammlungen jener Zeit? Was meinen Sie?

Schließlich ist Paulus nicht irgendein Schriftsteller, sondern einer der Autoren des Neuen Testamentes. Könnte es da nicht sein, daß auch die Paulusbriefsammlung in einer ganz einmaligen, nicht parallelisierbaren Art entstanden ist, so daß jeder Analogieschluß zwangsläufig in die Irre führt?

Das ist möglich. Wenn Sie dieser Ansicht sind, dann ist alles, was ich von jetzt ab sage, wahrscheinlich wertlos für Sie. Das ist das Risiko jeder historischen Untersuchung, nicht nur der biblischen Exegese. Wir können, wenn wir über vergangene Ereignisse reden, die wir selbst nicht erlebt haben, nur mit

Analogien argumentieren. Wir können nur beschreiben, was höchstwahrscheinlich passiert ist. Historische Urteile basieren auf der Auswertung von Wahrscheinlichkeiten. Und wenn wir es mit einmaligen Ereignissen zu tun haben, versagen die meisten historisch-kritischen Methoden. Ich meine nicht, daß die Paulusbriefsammlung auf eine sehr spektakuläre Art entstanden ist. Die Beobachtungen passen zu gut in das Bild, das sich aus der Untersuchung vergleichbarer Briefausgaben ergibt. Wenn Sie also daran interessiert sind, eine Deutung kennenzulernen, die den Textbefund mit Hilfe antiker Analogien interpretiert, lade ich Sie hiermit nochmals herzlich ein, mich zu begleiten und jeden meiner Schritte kritisch zu verfolgen. Ich bin zuversichtlich, daß uns dieser Weg ein ganzes Stück näher an die historischen Ereignisse bringen wird. Die einzige Alternative dazu, die ich im Moment sehen kann, besteht darin, gar nichts zu sagen.

Reihenfolge der Briefe

So lange die Herstellung von Büchern nur erfolgen konnte, indem einzelne Exemplare von Hand abgeschrieben wurden, war es technisch sehr aufwendig, eine ältere Sammlung von Schriften umzuordnen, und kam deshalb auch nur selten vor. Die handschriftliche Überlieferung von Sammlungen zeigt immer und immer wieder, daß die Abschreiber die Anordnung der Vorlagen mit großer Trägheit übernahmen. Wenn neue Briefe an alte Sammlungen angefügt wurden, neigten die Herausgeber dazu, neue Briefe einfach nur als Anhang an das Ende der älteren Sammlung zu stellen. Sie hatten Hemmungen, alle Briefe neu anzuordnen. Wenn zum Beispiel die Briefe ein Datum trugen und in der Ursammlung chronologisch geordnet waren, stellte man die neuen Briefe nicht an die Stellen, an die sie chronologisch hingehörten, zwischen die Briefe der alten Sammlung, sondern faßte sie am Ende in einem Anhang zusammen. Aber – und das ist für die Rekonstruktion wichtig – auch im Anhang ordnete man die Briefe chronologisch an. Daher markiert bei zeitlich geordneten Sammlungen der erste Brief, der die chronologische Reihenfolge unterbricht, den Beginn des Anhanges. Und die Analyse wird bestätigt, wenn auch die folgenden Briefe chronologisch aufeinander folgen.

Oder noch allgemeiner ausgedrückt: Steht erst einmal das Ordnungsprinzip der älteren Sammlung fest, so läßt sich der Beginn eines Anhanges daran erkennen, daß das Ordnungsprinzip unterbrochen wird. Und die Analyse findet eine Bestätigung, wenn die Briefe des Anhanges so geordnet sind wie die des vorhergehenden Teiles.

Ordnungsprinzip

Wonach wir also suchen sollten, ist das Prinzip, nach dem die Paulusbriefe angeordnet sind. Ich habe oben schon darauf hingewiesen, daß die Briefe nach Adressen sortiert sind und die Sammlung in zwei Teile gliedern: in Briefe an Gemeinden und Briefe an einzelne Personen. Aber gibt es innerhalb dieser Gruppen noch ein weiteres Ordnungsprinzip?
Es ist die Länge der Brieftexte.[23]

Tabelle 7: Die Länge der Paulusbriefe:

	Buchstaben	Prozent		Unterschied
Röm	34 410	18,4%		0
1 Kor	32 767	17,5%	−	1 643
2 Kor	22 280	11,9%	−	10 487
Gal	11 091	5,9%	−	11 189
Eph	12 012	6,4%	+	921
Phil	8 009	4,3%	−	4 003
Kol	7 897	4,2%	−	112
1 Thess	7 423	4,0%	−	474
2 Thess	4 055	2,2%	−	3 368
1 Tim	8 869	4,7%	+	4 814
2 Tim	6 538	3,5%	−	2 331
Tit	3 733	2,0%	−	2 805
Phm	1 575	0,8%	−	2 158
Hb	26 382	14,1%		
Summe	187 041	100,0%		

Der Beginn des zweiten Teiles der Sammlung, der Briefe an Einzelpersonen, wird durch die Zahlen bestätigt. Mit dem 1. Timotheusbrief setzt das Ordnungsprinzip wieder neu ein, denn dieser Brief ist länger als der 2. Thessalonicherbrief, die darauf folgenden Briefe — 2. Timotheusbrief, Titusbrief und Philemonbrief — in absteigender Folge kürzer.

Die Briefe an Gemeinden aber sind nicht genau nach der Länge angeordnet. Der Epheserbrief ist um mehr als 900 Buchstaben länger als der Galaterbrief, die auf den Brief an die Galater folgenden Briefe sind wieder korrekt nach absteigender Länge angeordnet. Der Epheserbrief unterbricht also das Ordnungsprinzip. Und genau danach haben wir gesucht. Der Epheserbrief kennzeichnet vielleicht den Anfang eines Anhanges. *Andere Erklärungen?* Doch vielleicht gibt es auch noch eine andere Erklärung für die Ordnung. Könnte es sein, daß die unterschiedliche Textlänge des Galater- und Epheserbriefes so gering ist, daß ihn die Bearbeiter nicht erkannt haben? Ist ihnen vielleicht nur ein Fehler unterlaufen?

Zwei Argumente sprechen gegen einen Flüchtigkeitsfehler. Der Kolosserbrief ist knapp über hundert Buchstaben kürzer als der Philipperbrief, der Unterschied zwischen Galaterbrief und Epheserbrief aber mit 900 Buchstaben acht Mal so groß. Warum sollte ein Herausgeber die Textlänge des Kolosser- und Philipperbriefes richtig berechnen, nicht aber die des Epheser- und Kolosserbriefes?

Und zweitens war die Textlänge ein Wert, den alle am antiken Buchhandel beteiligten Personen sehr bewußt wahrnahmen, denn die Länge eines Textes bestimmte den Verkaufspreis eines Buches. Man teilte Texte in etwa gleich große Abschnitte, sogenannte Stichen, ein. Erinnern Sie sich an den oben beschriebenen Codex Boernerianus, dessen stichometrische Anordnung auf der Abbildung 3 gut erkennbar ist? In vielen Paulushandschriften — z. B. p46, Codex Vaticanus (B 03), Codex Sinaiticus (ℵ 01) und Codex Claromontanus (D 06) — haben die Schreiber die Textlänge am Ende eines jeden Briefes oder in einem eigenen Verzeichnis notiert. Es ist deshalb äußerst unwahrscheinlich, daß die Stellung des Epheserbriefes nach dem Galaterbrief auf einen Fehler zurückzuführen ist.

Unabhängig von diesen Überlegungen ist der Epheserbrief auch der erste Brief der Sammlung, dessen Echtheit von vielen Exegeten bezweifelt wird. Ist dies der Fall, so ist spätestens hier eine Sammlung zu Ende, die der Autor Paulus selbst herausgegeben haben könnte.

Schlußfolgerung

Betrachtet man die Reihenfolge der Paulusbriefe im Lichte antiker Briefausgaben, so deutet der Epheserbrief auf den Beginn eines Anhanges zu einer älteren Sammlungseinheit, die aus dem Brief an die Römer, die beiden Korintherbriefe und den Galaterbrief bestand.

Ist diese Analyse korrekt, so spricht die Wahrscheinlichkeit dafür, daß diese alte Sammlung von Paulus selbst überarbeitet und veröffentlicht wurde. In einem zweiten Schritt, wurden später weitere Briefe an diese Autorenrezension angefügt. Es entstand eine Sammlung von dreizehn Briefen.[24] In der dritten und letzten Entwicklungsstufe der Sammlung wurde der Hebräerbrief ergänzt.

Doch, liebe Leserinnen und Leser, was ist die schönste Theorie wert, wenn sie zur Praxis nicht taugt. Im folgenden und letzten Kapitel, versuche ich, die ersten vier Briefe des Paulus als Ergebnis einer Autorenrezension des Paulus auszulegen. Ob sich unsere Reise gelohnt hat? Urteilen Sie selbst.

Die Autorenrezension des Briefes an die Römer, der beiden Korintherbriefe und des Galaterbriefes

TYPISCHE REDAKTIONELLE EINGRIFFE

Welche Art von Veränderungen darf man erwarten, wenn ein Autor seine Briefe für die Veröffentlichung überarbeitet? Die ideale Situation, um diese Frage zu beantworten, wäre gegeben, wenn man den ursprünglichen Brief, so wie er versandt worden war, und den veröffentlichten Brief vergleichen könnte. Ich kenne keinen antiken Brief, bei dem dies möglich wäre. Leider. Aber es gibt glücklicherweise auch noch andere Wege. Einige Schriftsteller teilen uns mit, was sie verändert haben, bevor sie ihre Briefe veröffentlichten. Zum Beispiel Cicero, den wir im Verlauf dieses Buches bereits um Auskünfte bemüht haben. Wir haben auch seinen Sekretär, Tiro, schon kennengelernt. In einem Brief vom 9. Juli 44 v. Chr., ein Jahr vor seinem Tod, schrieb Cicero an seinen Verleger und treuen Freund Atticus folgendes:[25]

Cicero, *Ad Atticum* 16,5,5
Bisher gibt es noch keine Sammlung meiner Briefe, aber Tiro hat ungefähr siebzig beisammen. Allerdings sollen auch noch einige von dir angefordert werden. Ich muß diese aber erst noch durchsehen und korrigieren. Erst dann sollen sie herausgegeben werden.

Auswahl

Zunächst muß der Autor eine Auswahl aus seinen Briefen treffen. Ciceros Bemerkungen lassen ahnen, wie sorgfältig er vorgegangen ist. Er erwähnt siebzig Briefe. Nicht weniger als 774 Briefe Ciceros haben bis auf den heutigen Tag in Abschriften überlebt, und es existieren sichere Hinweise auf mindestens siebzehn weitere antike Sammlungen seiner Briefe, die verloren gegangen sind.[26]

Woher nahm ein Autor die Briefe, die er aus seiner privaten Korrespondenz veröffentlichen wollte? Offensichtlich besaß Cicero Kopien von einigen der Briefe, die er dem Atticus geschrieben hatte. Dies wird durch den Bericht des römischen Schriftstellers Cornelius Nepos bestätigt, der Jahrzehnte nach Ciceros Tod einen Besuch in den persönlichen Archiven beschreibt, in denen Cicero seine Korrespondenz mit Atticus aufbewahrte.[27] Für Cicero war es ganz normal, von einigen seiner Briefe eine Kopie in seinem persönlichen Archiv aufzubewahren, aber eben nicht von allen Briefen. Er erwägt daher, Atticus darum zu bitten, einige ausgewählte Briefe an ihn zurückzusenden.

Diese Beobachtung ist auch für die Paulusbriefsammlung nicht unwesentlich. Es gibt nur zwei Stellen, an denen sich Privatbriefe sammeln: entweder als Kopie bei den Briefverfassern oder im Original bei den Briefempfängern. Wollte ein Autor seine Briefe veröffentlichen, mußte er das Material also aus einer dieser beiden Quellen beziehen.

Läßt sich denn bestimmen, woher die Herausgeber einer Briefsammlung ihre Briefe bezogen? Manchmal ja. Es kam häufig vor, daß ein Brief erst sehr verspätet bei den Empfängern eintraf. Ein extremes Beispiel ist Augustins Brief 28 an Hieronymus, den Augustin im Jahre 395 von Hippo in Nordafrika aus einem Boten mitgab und der Hieronymus erst acht Jahre später in Bethlehem erreichte. Bis dahin hatte Hieronymus schon eine ganze Reihe weiterer Briefe von Augustin erhalten und längst beantwortet.[28] Einige der Briefsammlungen, die nach dem Tode Ciceros veröffentlicht wurden, sind chronologisch nach dem Zeitpunkt geordnet, an dem sie eintrafen, und nicht in der Reihenfolge, in der sie geschrieben und versandt worden waren. Diese Anordnung verrät, daß die betroffenen Sammlungen aus den Archiven der Briefempfänger genommen wurden und nicht aus dem Archiv Ciceros. Aber warum hat Cicero nur 70 Briefe ausgewählt? Die Sammlung, von der er in seinem Brief an Atticus schreibt, ist wahrscheinlich noch erhalten und bildet das 13. Buch der Briefe an Freunde (*Ad familiares* 13). Sie enthält ausnahmslos Empfehlungsbriefe, die Cicero für andere geschrieben hat. Diese Briefe sind rhetorische Meisterwerke und zeugen von Ciceros ausgezeichnetem Stil, seiner hohen Bildung, seinem guten Geschmack und seiner schon zu Lebzeiten legendären Überzeugungskraft.

Redaktion

Kurz nach der Veröffentlichung dieser Briefsammlung wurde Cicero ermordet. Es ist nicht ganz sicher, wer nach dem Tode Ciceros dessen Briefe sammelte und herausgab, aber mehrere Indizien sprechen dafür, daß es sein Sekretär Tiro war. Dadurch, daß Cicero selbst nicht mehr Hand anlegen konnte, entsteht eine interessante Situation. Wir besitzen Briefe, die Cicero überarbeitet hat und Briefe, die er nicht bearbeitet hat. Ein Vergleich erlaubt uns also eine Vorstellung von Umfang und Charakter der redaktionellen Veränderungen zu bekommen, die Cicero an seinen Briefen durchgeführt hat, bevor er sie zur Veröffentlichung freigab. Der Unterschied ist frappierend. Francesco Petrarca hat 1345 die lange verschollenen Briefe Ciceros in einer Handschrift wiederentdeckt. Als er sie las, war er schockiert und enttäuscht – schockiert wegen der umgangssprachlichen Ausdrucksweise und des schlampigen Stils der Briefe und enttäuscht, weil die Briefe einen intriganten Politiker offenbarten, dessen übler Charakter seinen schlechten Stil bei weitem übertraf.[29]

Namen

Man darf von einem Schriftsteller erwarten, daß er sehr bewußt mit Namen lebender Zeitgenossen umgeht. Es ist eine ausgeprägte redaktionelle Tendenz zu beobachten, alle Namen zu streichen, die für die Leser der Sammlung nur von geringer Bedeutung sind. Cyprian, Bischof von Karthago, der 258 als Märtyrer starb, hat selbst mehrere Sammlungen seiner Briefe herausgegeben. Einige Synodalbeschlüsse, die er zusammen mit anderen Bischöfen gefaßt hat, tragen in den Handschriften noch die Namen sämtlicher Synodenteilnehmer. Zum Beispiel nennt er in Brief 71 die Namen von 31 Bischöfen, die dieses Dokument ausgestellt haben, und zählt die Namen der 18 Bischöfe auf, an die das Schreiben gerichtet war. Andererseits aber fehlen solche Namenslisten in vielen Briefen der Sammlung. Brief 64 beginnt mit den Worten: »Cyprian und die anderen 66 Kollegen, die am Konzil teilgenommen haben, grüßen Bruder Fidus«. Die Einleitung zu Brief 61 lautet: »Cyprian und die anderen grüßen Stephanus«. Die redaktionelle Tendenz, Grüße, die für die späteren Leser nicht von großer Bedeutung sind, zu streichen, ist typisch für die Erstausgabe von privaten Korrespondenzen, gleichgültig, ob sie der Autor selbst oder ein anderer für die Veröffentlichung vorbereitet hat.

Aber nicht nur Grüße sind betroffen. Namenserwähnungen in Briefen spiegeln meist das Verhältnis der Briefschreiber zu den genannten Personen wieder. Beziehungen können sich aber ändern. Es gibt eine ganze Reihe von Beispielen in der Antike dafür, daß ein Autor eines seiner Bücher überarbeitete und eine zweite Auflage vorbereitete. Selbstverständlich überprüfte er bei dieser Gelegenheit die persönlichen Bemerkungen sorgfältig und änderte sie gegebenenfalls. Ursprünglich freundliche Bemerkungen über jemanden, der in der Zwischenzeit zu einem Feind geworden war, mußten gestrichen werden.

Ein Beispiel: Hieronymus war einer der bedeutendsten Exegeten des vierten Jahrhunderts. Er war verantwortlich an der Entstehung der Vulgata beteiligt, das ist die lateinische Bibelübersetzung, die bis heute in der katholischen Kirche kanonische Bedeutung hat. Als junger Mann verband ihn eine tiefe Freundschaft mit seinem berühmten Kollegen Rufinus und ihrer gemeinsamen Freundin Melania. In einem Buch über die Geschichte der christlichen Kirche widmete Hieronymus diesen beiden Freunden einen ganzen Abschnitt. Als er aber einige Jahre später das Werk auf den neuesten Stand brachte und für die zweite Auflage überarbeitete, war die Freundschaft zerbrochen. Hieronymus und Rufinus waren zu erbitterten Widersachern geworden. Hieronymus strich den Abschnitt, und Rufinus selbst erwähnt diese Streichung.[30] Diese Praxis, Namen zu streichen, weil die ursprünglich positive oder negative Wertung den Lesern nicht zugemutet werden konnte, wird als *damnatio memoriae* bezeichnet.

Als Paulus eine Ausgabe seiner Briefe vorbereitete, befand er sich in einer ähnlichen Situation wie ein Schriftsteller, der eine zweite Auflage vorbereitet. Die Briefe waren einige Zeit zuvor geschrieben worden. Die Situation hatte sich verändert. Menschen, auf die er sich in freundlicher Art und Weise bezog, waren in der Zwischenzeit vielleicht zu Gegnern geworden.

Situationsbezogene Angaben

Informationen, die nur kurze Zeit Gültigkeit besitzen, sind für private Briefe typisch. Häufig liefern diese Art von Information den eigentlichen Anlaß zu schreiben. Für eine spätere Öffentlichkeit sind diese Gründe aber oft unbedeutend, und ein Bearbeiter mag leicht die Ansicht vertreten, daß man sie nicht veröffentlichen sollte.

Zusammenfassung

Wenn Autoren eigene Briefe veröffentlichen wollen, müssen sie zunächst eine Auswahl treffen. Die Brieftexte selbst entnehmen sie entweder den Kopien, die sie sich von ihrer Korrespondenz gemacht haben, oder aber sie fordern Briefe von den Empfängern zurück. Ferner darf man erwarten, daß die Texte intensiv überarbeitet werden. Die Autoren werden versuchen, die Briefe stilistisch zu glätten, sich selbst nicht in schlechtes Licht zu stellen und Mißverständnisse zu vermeiden, an die sie bei der Formulierung der ursprünglichen Schreiben nicht gedacht hatten. Anspielungen auf noch lebende Zeitgenossen werden sorgfältig überprüft, manche triviale Passagen, die nichts zum Thema der Sammlung beitragen, werden gestrichen, beispielsweise persönliche Grüße oder konkrete Reisepläne.

PAULUS ALS REDAKTEUR

Ich liebe Kriminalromane. Und es gibt da eine Sache, die man von Sherlock Holmes, Lord Peter Wimsey, Hercule Poirot und Perry Mason lernen kann: Es sind oft die kleinen, zunächst unbedeutend wirkenden Beobachtungen, die den entscheidenden Hinweis liefern. Die im letzten Abschnitt vorgestellten, typischen redaktionellen Eingriffe zeigen, daß es gerade die situationsgebundenen, trivialen Angaben der Briefe sind, die Autoren gerne gestrichen haben, wenn sie ihre Briefe veröffentlichten. Deshalb sollten wir einmal systematisch die Grüße, Reisepläne, Eigennamen, und andere Informationen, die in diese Kategorie gehören, näher untersuchen. Wir werden feststellen, daß Paulus an einigen Stellen, solche Angaben stehen ließ. Und ich meine, daß er dies mit Absicht getan hat. Er stellt damit den kriminalistischen Spürsinn späterer Leser – das sind Sie und das bin ich – auf die Probe, denn durch diese Hinweise verrät er, wo, wann und für wen er seine Autorenrezension der Briefe nach Rom, Korinth und Galatien zusammengestellt hat.

Grüße

Fangen wir mit den Grüßen an. Man darf erwarten, daß ein Redakteur Grüße kürzt, wenn er eine private Korrespondenz für die Veröffentlichung überarbeitet. Der Brief an die Galater enthält gar keine Grüße, der 1. Korintherbrief nennt nur zwei

Personen beim Namen, Aquila und Priscilla, endet ansonsten aber wie der 2. Korintherbrief mit einem sehr allgemein gehaltenen Gruß. Das paßt genau zu dem Befund bei vergleichbaren antiken Briefausgaben.

1 Kor 16,19-21
Es grüßen euch die Gemeinden in der Provinz Asien. Aquila und Priska und ihre Hausgemeinde senden euch viele Grüße im Herrn. Es grüßen euch alle Brüder. Grüßt einander mit dem Heiligen Kuß. Den Gruß schreibe ich, Paulus, eigenhändig.

2 Kor 13,12
Grüßt einander mit dem heiligen Kuß! Es grüßen euch alle Heiligen.

Was den Römerbrief betrifft, ist der Befund allerdings anders. In Röm 16 werden nicht weniger als 32 Personen oder Gruppen gegrüßt, und acht Leute lassen durch Paulus ihre Grüße ausrichten.

Röm 16,1-16a
Ich empfehle euch unsere Schwester (1) Phöbe ... Grüßt: (2) Priska, (3) Aquila, (4) die Gemeinde, die sich in ihrem Haus versammelt, (5) Epänetus, der die Erstlingsgabe der Provinz Asien für Christus ist, (6) Maria, (7) Andronikus, (8) Junia, (9) Ampliatus, (10) Urbanus, (11) Stachys, (12) Apelles, (13) das ganze Haus des Aristobul, (14) Herodion, (15) alle aus dem Haus des Narzissus, die sich zum Herrn bekennen, (16) Tryphäna, (17) Tryphosa, (18) Persis, (19) Rufus, (20) seine Mutter, (21) Asynkritus, (22) Phlegon, (23) Hermes, (24) Patrobas, (25) Hermas, (26) seine Brüder, (27) Philologus, (28) Julia, (29) Nereus, (30) seine Schwester, (31) Olympas, (32) alle Heiligen, die bei ihnen sind.

Röm 16,16b-23
Es grüßen euch alle Gemeinden Christi ... (1) Timotheus, (2) Lucius, (3) Jason, (4) Sosipater, (5) Tertius, (6) Gaius, (7) Erastus, (8) Quartus.

Zusammenfassung. Wie oben ausgeführt, ist es bei vergleichbaren Briefsammlungen häufig zu beobachten, daß ein Autor Grüße zusammenfaßt und verallgemeinert, wenn er Briefe für die Veröffentlichung überarbeitet. Es ist also nicht die Auslassung von Grüßen, die im Galaterbrief und in den Briefen nach Korinth erklärt werden müssen, man muß vielmehr eine Erklärung für die vielen persönlichen Grüße finden, die Paulus im Römerbrief belassen hat.

Eigennamen

Römerbrief. Betrachtet man den Rest des Römerbriefes, so wirken die vielen Eigennamen des Schlußabschnittes noch auffälliger. Nicht eine einzige Person wird in den vorhergehenden 15 Kapiteln erwähnt.
1. Korintherbrief. Ein markanter Unterschied zwischen dem 1. Korinther- und dem Römerbrief besteht darin, daß im 1. Korintherbrief die Eigennamen nicht auf die Grüße beschränkt sind. Wie wir bereits gesehen haben, sind die Grüße sehr allgemein formuliert und nennen nur Aquila und Priscilla mit Namen. Ohne Paulus mitzuzählen, werden im 1. Korintherbrief zwölf weitere Personen mit Namen genannt: (1) Sosthenes 1,1, (2) Chloe 1,11, (3) Apollos 1,12; 3,4.5.6.22; 4,6; 16,12, (4) Kephas 1,12; 3,22; 9,5; 15,5, (5) Crispus 1,14, (6) Gaius 1,14, (7) Stephanas 1,16; 16,15.17, (8) Timotheus 4,17; 16,10, (9) Barnabas 9,6, (10) Jakobus 15,7, (11) Fortunatus 16,17, (12) Achaikus 16,17, (13) Aquila 16,19, (14) Priscilla 16,19.

Gehen wir die Namen einzeln durch. Fortunatus und Achaikus stehen in enger Verbindung zu Stephanas. Paulus freut sich über ihren Besuch (1Kor 16,17). Eine andere Gruppe von Reisenden, die Paulus Nachrichten übermittelt haben, sind die »Leute der Chloe« (1Kor 1,11). Diese Namen sind gut eingeführt und können nicht ohne weiteres gestrichen werden. Denn Paulus war lange nicht mehr in Korinth gewesen und mußte daher mitteilen, woher er seine Informationen bezog.

1Kor 16,17
Es freut mich, daß Stephanas, Fortunatus und Achaikus zu mir gekommen sind; sie sind mir ein Ersatz für euch, da ihr nicht hier sein könnt. Sie haben mich und euch erfreut und aufgerichtet. Verweigert solchen Männern eure Anerkennung nicht!

1 Kor 1,11
Es wurde mir nämlich, meine Brüder, von den Leuten der Chloe berichtet, daß es Zank und Streit unter euch gibt.

Sosthenes ist Mitautor des Briefes und muß deshalb genannt werden. Apollo, Kephas (das ist Petrus) und Timotheus sind mehr als einmal und an wichtigen Stellen des Briefes erwähnt. Zusammen mit Barnabas und Jakobus gehören diese fünf Personen zu dem Kreis prominenter Persönlichkeiten der frühen Christenheit, von denen wohl die meisten Leser der Sammlung gehört hatten, und aus diesem Grund wurden die Namen nicht gestrichen. Es bleiben also nur zwei Namen übrig: Gaius und Krispus.

1 Kor 1,14-16
Ich danke Gott, daß ich niemand von euch getauft habe, außer Krispus und Gaius, so daß keiner sagen kann, ihr seiet auf meinen Namen getauft worden. Ich habe allerdings auch die Familie des Stephanas getauft. Ob ich sonst noch jemand getauft habe, weiß ich nicht mehr.

Paulus argumentiert im Zusammenhang damit, daß sein Auftrag von Christus nicht darin bestand zu taufen, sondern das Evangelium zu verbreiten (1 Kor 1,17). Um dieses Argument zu untermauern, nennt er alle Ausnahmen, an die er sich erinnern kann. Er strebt in diesem Punkt Vollständigkeit an, was durch den Nachsatz mit der Erwähnung des Stephanus deutlich ist, und muß daher wohl auch Namen nennen, die für die späteren Leser der Briefsammlung ohne große Bedeutung sind.

Die Art, mit der konkrete Personen im 1.Korintherbrief eingeführt werden, unterscheidet sich erheblich von dem Befund in Röm 16. Wir haben gesehen, daß die namentlich erwähnten Personen entweder überregional bekannt sind oder eine Rolle bei der Entstehung des 1.Korintherbriefes, zum Beispiel als Informanten, spielten.

Trotzdem erlaube ich mir, Ihnen einige Suggestivfragen zu stellen. So etwas ist zwar keine schlüssige Argumentation, aber es beflügelt die Phantasie doch ungemein. Und, wer weiß, vielleicht haben Sie sogar noch bessere Ideen als ich. Wenn nun

Paulus seine Briefe überarbeitete, um sie einem allgemeinen Publikum vorzustellen, das ihn persönlich nie kennengelernt hat – so wie Sie und ich –, warum hat er dann so viele unbekannte Namen im 1. Korintherbrief belassen? Müssen wir wirklich wissen, daß ihn die Leute der »Chloe« besucht haben? Uns würde doch reichen: »Es wurde mir von Leuten berichtet, daß es ...«. Worauf ich Sie damit aufmerksam machen möchte ist: könnte es nicht sein, daß die Namen, mit denen wir nichts anfangen können, den Leuten, für die Paulus seine Autorenrezension zusammenstellt, nicht unbekannt waren? Ist das der Fall, so wäre damit schon eine deutliche Spur gefunden, die uns zu den Empfängern der Briefsammlung führen könnte.

2. *Korintherbrief.* Der 2. Korintherbrief enthält keine Eigennamen bis auf Timotheus, der als Mitautor des Briefes genannt wird (2Kor 1,1) und die Mitarbeiter des Paulus Silas (2Kor 1,19) und Titus (2Kor 2,13; 7,6.13.14; 8,6.16.23; 12,18); an zeitgenössischer Prominenz wird noch König Aretas (2Kor 11,32) erwähnt. Der 2. Korintherbrief hat ursprünglich ziemlich sicher irgendwelche persönlichen Schlußgrüße enthalten, die wohl gestrichen wurden. Und an einer Stelle ist die Streichung eines Eigennamens offensichtlich. Als Paulus nämlich seinen Mitarbeiter Titus nach Korinth schickt, um eine Spendenaktion zu organisieren, – Paulus spricht von »Liebesgabe« –, wird dieser von einem Bruder begleitet, »der von allen Gemeinden gerühmt wird für seinen Dienst am Evangelium« und der wohl auch darüber wachen sollte, daß bei der Durchführung der Kollekte keine Unregelmäßigkeiten vorkamen. Aber den Namen dieses Bruders nennt er nicht.

2Kor 8,16-19

Dank sei Gott, der den gleichen Eifer für euch auch Titus ins Herz gelegt hat. Denn Titus war mit meinem Vorschlag einverstanden, und sein Eifer war so groß, daß er aus eigenem Entschluß gleich zu euch abreiste. Zusammen mit ihm haben wir den Bruder geschickt, der wegen seiner Verkündigung des Evangeliums in allen Gemeinden Anerkennung findet und außerdem von den Gemeinden dazu bestimmt wurde, unser Reisegefährte zu sein, wenn wir diese Liebesgabe zur Ehre des Herrn und als Zeichen unseres guten Willens überbringen.

Abgesehen davon, daß es nur wenig Sinn ergibt, einen Empfehlungsbrief für jemanden zu schreiben und den Namen der empfohlenen Person nicht zu nennen, verfügt die biblische Paulusbriefsammlung über sechs vergleichbare Passagen (1Kor 4,17; 1Thess 3,2-5; Phil 2,19-23; 2,25-30; Eph 6,21-22; Kol 4,7-9), in denen Paulus jeweils Leute aussendet und empfiehlt. Diese Abschnitte haben alle einen sehr ähnlichen Aufbau, der sich auch in erhaltenen, profanen Empfehlungsschreiben wiederfindet. Zu diesem Formular gehört als wesentlicher Bestandteil natürlich der Name der ausgesandten Person. Nun könnte man denken, daß der Name vielleicht nur durch einen Fehler in der Textüberlieferung ausgefallen ist. Doch läßt sich diese Vermutung glücklicherweise widerlegen, da der Name auch an der zweiten Stelle fehlt, an der Titus und dieser ominöse Bruder erwähnt werden. Es handelt sich daher wohl um einen bewußten redaktionellen Eingriff.

2Kor 12,18a
Ja, ich habe Titus gebeten, euch zu besuchen, und den Bruder mit ihm gesandt.

Erinnern Sie sich? Verfasser streichen Eigennamen, wenn sie Briefe für einen weiteren Leserkreis überarbeiten, aus zwei Gründen. Entweder ist der Name nur von geringem Interesse für die Leser der Briefsammlung, weil sie mit diesen Personen nicht vertraut sind. Oder die Leser kennen den Namen gut, der Autor möchte ihn aber der Nachwelt nicht erhalten, weil sich seine positiven Wertung dieser Person geändert hat. Die erste Möglichkeit, daß es sich um eine den Lesern unbekannte Figur handelt, scheint mir unwahrscheinlich, da Paulus den Bruder mit den Worten vorstellt, »den alle Gemeinden loben«, also eine überregionale Bekanntheit ausdrücklich behauptet. Daraus folgt, daß der hier erwähnte Bruder zum Zeitpunkt, als Paulus den 2. Korintherbrief überarbeitete, wohl kein Freund des Paulus mehr war.

Natürlich wäre es reizvoll, über die Person dieses Bruders zu spekulieren, denn die Wahrscheinlichkeit ist ziemlich hoch, daß wir ihn aus den anderen Schriften des Neuen Testamentes kennen. Doch Paulus hatte sich entschlossen, diesen Namen der *damnatio memoriae* preiszugeben und hat das Geheimnis mit ins Grab genommen. Als brave Bibelleser sollten wir diese Diskretion eigentlich respektieren. Aber neugierig ist man eben doch.

Galaterbrief. Im Galaterbrief fallen Namen von fünf prominenten Christen: die Apostel Johannes und Petrus, Jakobus, das ist der Bruder Jesu, der Missionar Barnabas und der Mitarbeiter des Paulus, Titus. Petrus, Barnabas und Titus wurden in der Korrespondenz mit Korinth bereits genannt. Alle fünf spielen eine wesentliche Rolle in den Ereignissen, die Paulus im Galaterbrief beschreibt. Die Erwähnung dieser Namen stellt also nicht die Art von Informationen dar, die nur kurze Zeit Gültigkeit haben und so typisch für private Korrespondenzen sind.

Zusammenfassung. Die Grüße in den betrachteten vier Briefen entsprechen den Erwartungen, die man an eine Autorenrezension stellen sollte, mit zwei Ausnahmen: die lange Grußliste in Röm 16 und die Erwähnung von Aquila und Priscilla in 1 Kor 16. Alle anderen Namen sind entweder durch den literarischen Zusammenhang motiviert oder bezeichnen prominente Zeitgenossen.

Reisepläne

Das nächste, das wir untersuchen sollten, sind situationsbezogene Angaben, die nur begrenzte Zeit gültig sind. Beginnen wir mit den Reiseplänen.

Galaterbrief. Der Brief an die Galater enthält keine Informationen dieser Art und bereitet daher nur wenig Schwierigkeiten.

1. Korintherbrief, 2. Korintherbrief. Ganz anders die Briefe der Korrespondenz mit Korinth. Schon die erste Ankündigung eines Besuches und die provozierende Frage: »Soll ich mit dem Stock zu euch kommen oder mit Liebe und im Geist der Sanftmut?« (1 Kor 4,18.21), läßt aufhorchen. Sie signalisiert den Lesern, daß es sich bei den Besuchsplänen nicht um den Austausch höflicher Unverbindlichkeiten handelt. Der weitere Verlauf der Korrespondenz mit Korinth bestätigt diesen ersten Eindruck.

1 Kor 4,18-21
In der Annahme, daß ich nicht selber zu euch komme, haben sich zwar einige wichtig gemacht. Ich werde aber bald zu euch kommen, wenn der Herr will. Dann werde ich diese Wichtigtuer nicht auf ihre Wörter prüfen, sondern auf ihre Kraft. Denn nicht in Worten erweist sich die Herrschaft Gottes, sondern in der Kraft. Was zieht ihr vor: Soll ich mit dem Stock zu euch kommen oder mit Liebe und im Geist der Sanftmut?

Am Ende des 1. Korintherbriefes stellt Paulus Reisepläne vor, diesmal sehr detailliert. Er erklärt, daß er bis Pfingsten noch in Ephesus bleiben will und dann über Mazedonien nach Korinth reisen möchte.

1 Kor 16,5-9
Ich werde zu euch kommen, wenn ich durch Mazedonien gereist bin. In Mazedonien will ich nämlich nicht bleiben, aber, wenn es möglich ist, bei euch, vielleicht sogar den ganzen Winter. Wenn ich dann weiterreise, könnt ihr mir das Geleit geben. Ich möchte euch diesmal nicht nur auf der Durchreise sehen; ich hoffe, einige Zeit bei euch bleiben zu können, wenn der Herr es zuläßt. In Ephesus will ich bis Pfingsten bleiben. Denn weit und wirksam ist mir hier eine Tür geöffnet worden; doch auch an Gegnern fehlt es nicht.

Die Stationen dieser angekündigten Reise, die Paulus von Ephesus durch die Provinz Asien zur Hafenstadt Troas führte, von wo aus er mit dem Schiff nach Mazedonien übersetzte, die Ankunft in Mazedonien, das Zusammentreffen mit Titus, der aus Korinth kam und bald mit dem namenlosen Bruder wieder dorthin aufbrach, die unmittelbar bevorstehende Abreise des Paulus nach Achaia und Korinth, all das berichtet der 2. Korintherbrief in chronologischer Reihenfolge.

Werfen Sie einen Blick auf die beiliegende Landkarte und machen Sie sich mit den wichtigsten Stationen – Ephesus, Troas, Mazedonien und Korinth – vertraut. Ich stelle Ihnen die relevanten Passagen untereinander.

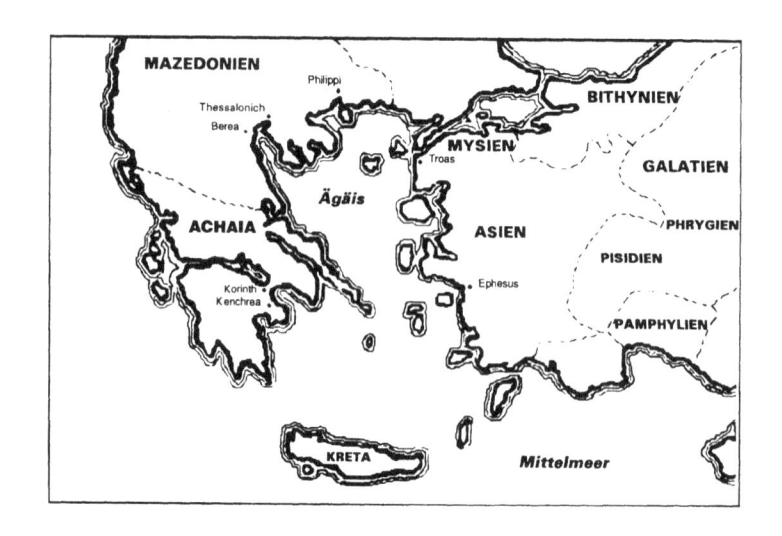

Abbildung 7   Die Reise von Ephesus nach Korinth

2 Kor 1,8
Wir wollen euch die Not nicht verschweigen, Brüder, die in der *Provinz Asien* über uns kam und uns über alles Maß bedrückte; unsere Kraft war erschöpft, so sehr, daß wir am Leben verzweifelten.

2 Kor 2,12-13
Als ich dann nach *Troas* kam, um das Evangelium Christi zu verkünden, und mir der Herr eine Tür öffnete, hatte mein Geist dennoch keine Ruhe, weil ich meinen Bruder Titus nicht fand. So nahm ich Abschied und reiste nach Mazedonien.

2 Kor 7,5-13
Als wir nach *Mazedonien* gekommen waren, fanden wir in unserer Schwachheit keine Ruhe. Überall bedrängten uns Schwierigkeiten: Von außen Widerspruch und Anfeindung, im Innern Angst und Furcht. Aber Gott, der die Niedergeschlagenen aufrichtet, hat auch uns aufgerichtet, und zwar durch die *Ankunft des Titus* — nicht nur durch seine Ankunft, sondern auch durch den Trost, den er bei euch erfahren hatte. Er erzählte uns von eurer Sehnsucht, eurer Klage, eurem Eifer für mich, so daß ich mich noch mehr freute.

2 Kor 8,6.16-18
Daraufhin ermutigten wir Titus, dieses Liebeswerk, das er früher bei euch begonnen hatte, nun auch zu vollenden. ... Dank sei Gott, der den gleichen Eifer für euch auch Titus ins Herz gelegt hat. Denn *Titus* war mit meinem Vorschlag einverstanden, und sein Eifer war so groß, daß er aus eigenem Entschluß *gleich zu euch abreiste.* Zusammen *mit ihm haben wir den Bruder geschickt* ...

2 Kor 12,17-18
Habe ich euch vielleicht durch einen, den ich zu euch sandte, übervorteilt? Ja, ich habe Titus gebeten, euch zu besuchen, und den Bruder mit ihm gesandt. Hat Titus euch etwa übervorteilt? Haben wir nicht beide im gleichen Geist gehandelt? Sind wir nicht in den gleichen Spuren gegangen?

2 Kor 12,14
Schon zum drittenmal will ich jetzt zu euch kommen, und ich werde euch nicht zur Last fallen; ich suche ja nicht euer Geld, sondern euch. Denn nicht die Kinder sollen für die Eltern sparen, sondern die Eltern für die Kinder.

Paulus ist also genau so gereist, wie er es 1 Kor 16 angekündigt hat. Es scheint ihm wichtig zu sein, daß das die Leser seiner Autorenrezension des 2. Korintherbriefes erkennen. Er ist ein Mann, der sein Wort hält. Doch zwischen den Zeilen vernimmt man andere Töne. »Zum drittenmal bin ich bereit, zu euch zu kommen«, lautet die wörtliche Übersetzung von 2 Kor 12,14. Warum zum dritten Mal? Hat er zweimal einen Besuch angekündigt und dann im letzten Moment abgesagt? Dies legt der Text der Korintherbriefe nahe. Schon die erste Besuchsankündigung ist so formuliert, als stünde er unmittelbar vor der Abreise: »Ich werde aber bald zu euch kommen, wenn der Herr will« (1 Kor 4,19).

Und noch ein zweites Mal hat er einen Besuch angekündigt, ohne ihn durchzuführen. Das haben ihm manche Korinther sehr übel genommen. Die Ankündigung ist im Text nicht mehr enthalten, wohl aber eine »Reiserücktrittserklärung« und die Entschuldigung des Paulus.

2 Kor 1,15-17
In dieser Zuversicht wollte ich zunächst zu euch kommen, damit ihr ein zweites Mal Gnade erfahren hättet. Von euch wollte ich dann nach Mazedonien reisen und von Mazedonien zurückkommen, um von euch nach Judäa geleitet zu werden. War dieser Entschluß etwa leichtsinnig? Plane ich, wie manche Menschen planen, so daß mein Ja auch ein Nein sein kann?

Warum spricht Paulus davon, daß die Korinther bei diesem Reiseplan »*ein zweites Mal* Gnade erfahren« hätten? Ein Blick auf die Landkarte gibt uns die Antwort: Paulus wollte von Ephesus direkt nach Korinth reisen, von dort nach Mazedonien und wieder zurück nach Korinth. Auf diese Weise hätte er die Korinther auf seiner Reise *zweimal* besucht. Doch dann hielt er doch an seinem ursprünglichen Plan fest. Das gab Ärger. Paulus zieht zur Verteidigung alle Register, die einem religiösen Menschen zur Verfügung stehen: »Bei der Treue Gottes: unser Wort, das wir Euch gegeben haben, ist nicht Ja und Nein zugleich!« (2 Kor 1,18, eigene Übersetzung).

Am Ende noch eine Anmerkung. Es gibt eine Passage, die von den Auslegern oft so verstanden wurde, als wollte Paulus einen dritten Besuch in Korinth ankündigen. Das hieße, daß er zwischen seinem Aufenthalt in Korinth, bei dem er die Gemeinde gründete, und der Ankündigung seines Besuches am Ende des 2. Korintherbriefes ein weiteres Mal in Korinth gewesen war, der sogenannte »Zwischenbesuch«. Die Einheitsübersetzung übersetzt die Stelle: »Das ist das dritte Mal, daß ich zu euch komme« und »ich sage jetzt aus der Ferne dasselbe, was ich schon bei meinem zweiten Aufenthalt angekündigt habe: Wenn ich komme, werde ich keine Nachsicht mehr üben« (2 Kor 13,1-2). Doch ist der griechische Text nicht so eindeutig, wörtlich übersetzt lautet er: »Dieses dritte Mal komme ich zu Euch« und »als wäre ich das zweite Mal bei Euch, obwohl ich jetzt abwesend bin«.[31] Bedenkt man nun, daß Paulus schon zweimal seinen Besuch angekündigt hat, ohne zu kommen, ergibt sich ein anderer Sinn: Dieses Mal komme ich wirklich! Ich möchte die Stelle daher folgendermaßen ins Deutsche übertragen:

2 Kor 13,1-3
Dieses dritte Mal komme ich wirklich zu Euch: Durch die Aussage von zwei oder drei Zeugen wird jede Sache entschieden. Ich habe es denen, die sich verfehlt haben, und den übrigen schon einmal gesagt und wiederhole es noch einmal aus der Ferne, so als wäre ich zum zweiten Mal bei Euch: Wenn ich komme, werde ich keine Nachsicht mehr üben, weil ihr einen Beweis sehen wollt für den Christus, der durch mich spricht, und Christus wird euch gegenüber nicht als Schwächling auftreten, sondern an euch seine Macht beweisen.

Meiner Ansicht nach verweist Paulus mit der Formulierung, »ich habe es schon einmal gesagt«, auf die Drohungen, die er seiner allerersten Besuchsankündigung hatte folgen lassen: »Denn nicht in leeren Worten erweist sich die Herrschaft Gottes, sondern in Macht« (1 Kor 4,20).
Römerbrief. Im Römerbrief teilt Paulus im Grunde nur zwei Sachen mit, die seine Reisepläne betreffen: daß er die römische Gemeinde schon oft besuchen wollte, aber bisher daran gehindert worden sei, und daß er eine Reise nach Spanien plant und auf der Durchreise die römische Gemeinde besuchen möchte.

Röm 1,10.13
Unablässig denke ich an euch in allen meinen Gebeten und bitte darum, es möge mir durch Gottes Willen endlich gelingen, zu euch zu kommen. ... Ihr sollt wissen, Brüder, daß ich mir schon oft vorgenommen habe, zu euch zu kommen, aber bis heute daran gehindert wurde; ...

Röm 15,22-25.28.32
Das ist es auch, was mich immer wieder gehindert hat, zu euch zu kommen. Jetzt aber habe ich in diesen Gegenden kein neues Arbeitsfeld mehr. Außerdem habe ich mich seit vielen Jahren danach gesehnt, zu euch zu kommen, wenn ich einmal nach Spanien reise; auf dem Weg dorthin hoffe ich euch zu sehen und dann von euch für die Winterreise ausgerichtet zu werden, nachdem ich mich einige Zeit an euch erfreut habe. Doch jetzt gehe ich zuerst nach Jerusalem, um den Heiligen einen Dienst zu erweisen. ... Wenn ich diese Aufgabe erfüllt und ihnen den Ertrag der Sammlung ordnungsgemäß übergeben habe, will ich euch besuchen und dann nach Spanien weiterreisen. ... und daß ich, wenn es Gottes Wille ist, voll Freude zu euch kommen kann, um mit euch eine Zeit der Ruhe zu verbringen.

Diese Informationen sind auch für spätere Leser nicht ohne Bedeutung. Sie erklären das Verhältnis zwischen Paulus und der christlichen Gemeinde in Rom. Und wenn man den Römerbrief gemeinsam mit den Korintherbriefen und dem Galaterbrief liest, ist dies die einzige Stelle, die den Lesern erklärt, daß der Römerbrief nach dem Abschluß der Kollekte geschrieben wurde, die in den Korintherbriefen ausführlich und im Galaterbrief kurz erwähnt wird.

Damit bleibt eigentlich nur eine Textpassage des Römerbriefes übrig, die für spätere Leser der Paulusbriefe von geringem Interesse wäre: die Empfehlung der Phöbe.

Röm 16,1-2
Ich empfehle euch unsere Schwester Phöbe, die Dienerin der Gemeinde von Kenchreä: Nehmt sie im Namen des Herrn auf, wie es Heilige tun sollen, und steht ihr in jeder Sache bei, in der sie euch braucht; sie selbst hat vielen, darunter auch mir, geholfen.

Phoebe wird ansonsten in den Paulusbriefen nicht erwähnt. Es besteht auch kein triftiger Grund, das Empfehlungsschreiben aufzubewahren, nachdem es die Empfänger zur Kenntnis genommen haben.

Zusammenfassung. Die Bemerkungen zu den Reisen und Reiseplänen im Römerbrief und in den Korintherbriefen sind in einer Form gehalten, die auch für andere Leser als die ursprünglichen Briefempfänger interessant ist. In den Korintherbriefen stellen Reisepläne sogar ein wichtiges Thema der Korrespondenz, da sie Anlaß für größere Unstimmigkeiten bildeten und Paulus diese Spannungen als Grund für seinen beleidigten und scharfen Ton in Teilen des 2. Korintherbriefes aufführt. Es gibt nur eine einzige Textpassage – die Aussendung der Phöbe – die den späteren Lesern bedeutungslos vorkommen mag. Sie enthält situationsbezogene Angaben, die nur begrenzte Zeit gültig sind.

Auswahlkriterium

Während seiner Amtszeit als Bischof von Karthago sah sich Cyprian mit folgendem Problem konfrontiert: Leute, die Mitglieder nicht-katholischer christlicher Gemeinschaften gewesen waren, und dort getauft worden waren, bekehrten sich und wollten wieder in der Kirche aufgenommen werden. War es nun notwendig, diese ein zweites Mal zu taufen? Cyprian und einige andere Bischöfe erklärten die »Ketzertaufe« für ungültig und bestanden auf einer neuen Taufe. Sie erließen während einer Synode einstimmig einen derartigen Beschluß (Brief 70).

Einige Zeit später fragte der mauretanische Bischof Quintus Cyprian um seine Empfehlung in dieser Sache, Cyprian antwortete ihm und legte eine Kopie des Synodenbeschlusses bei. Später erreichte ihn eine weitere Anfrage dazu von einem anderen mauretanischen Bischof, Jubaianus, und Cyprian legte seinem Antwortschreiben eine Kopie des Synodenbeschlusses und des Briefes an Quintus bei. Diese drei Briefe wurden von Cyprian zu einer Sammlung zusammengefaßt, wobei das Begleitschreiben immer vorangestellt ist, sich also die Reihenfolge 73, 71, 70 ergibt. Als sich dann Bischof Stephanus aus Rom bei Cyprian meldete, übersendet ihm dieser zusammen mit einer Antwort (Brief 72) eine Kopie der Sammlung. Bei der nächsten Anfrage erhielt der anfragende Bischof Pompeius neben der Sammlung auch eine Kopie des Briefes an Stephanus und einen eigenen Brief (Brief 74). In den Handschriften sind die beiden letzten Briefe (72, 74) in Anhängen zur Sammlung des Cyprian überliefert und wurden nicht, dem Ordnungsprinzip der Ursammlung folgend, vorgeordnet.

Betrachtet man die Briefsammlung, so ergibt sich leicht der Grund, warum diese Briefe ausgewählt wurden: alle weisen ein gemeinsames Thema auf, die Frage nach der zweiten Taufe. Warum aber hat Paulus den Römerbrief, die beiden Korintherbriefe und den Galaterbrief zusammengestellt? Was haben diese Briefe denn gemeinsam?

Betrachten wir zunächst die Stellen, an denen Paulus die Empfänger ausdrücklich miteinander in Verbindung bringt. Außerhalb des Römerbriefes wird Rom oder werden die Römer nicht thematisiert. Auf die Korinther spielt Paulus an einer Stelle außerhalb der Korintherbriefe an, und es gibt eine Erwähnung der Gemeinden in Galatien außerhalb des Galaterbriefes. Diese beiden Passagen haben ein gemeinsames Thema, die Kollekte.

Röm 15,26
Denn Mazedonien und Achaia haben eine Sammlung beschlossen für die Armen unter den Heiligen in Jerusalem.

1 Kor 16,1-2
Was die Geldsammlung für die Heiligen angeht, sollt auch ihr euch an das halten, was ich für die Gemeinden Galatiens angeordnet habe. Jeder soll immer am ersten Tag der Woche etwas zurücklegen und so zusammensparen, was er kann. Dann sind keine Sammlungen mehr nötig, wenn ich komme.

Korinth war die Hauptstadt der Provinz Achaia. Paulus nennt in der Adresse des 2. Korintherbriefes die Achaier ausdrücklich (2 Kor 1,1): »An die Gemeinde Gottes in Korinth, zusammen mit allen Heiligen in Achaia ...« Daher sind die Korinther auch eingeschlossen, wenn Paulus berichtet, daß Achaia »eine Sammlung für die Armen unter den Heiligen in Jerusalem« (Röm 15,26) beschlossen hat. Im 1. Korintherbrief erwähnt Paulus, daß sich die Gemeinden Galatiens ebenfalls an der »Geldsammlung für die Heiligen« (1 Kor 16,1) beteiligten. Beide Passagen sprechen von einer Kollekte. Ist diese Kollekte ein Thema, das in allen vier Briefen angesprochen wird? Die eben zitierten Textstellen machen das für den Römerbrief und den 1. Korintherbrief deutlich, aber wie sieht es im 2. Korintherbrief und im Galaterbrief aus?

Gal 2,10
Nur sollten wir an ihre Armen denken; und das zu tun, habe ich mich eifrig bemüht.

2 Kor 8,6
Daraufhin ermutigten wir Titus, dieses Liebeswerk, das er früher bei euch begonnen hatte, nun auch zu vollenden.

Die Kollekte für die Armen in Jerusalem ist auch im Galaterbrief an einer zentralen Stelle erwähnt. Im Konflikt zwischen Paulus und den Jerusalemer Aposteln besteht Paulus darauf, daß diese Kollekte die einzige Auflage war, die er erhalten hatte. Und er ist gerne dazu bereit. Im 2. Korintherbrief ist die Durchführung der Kollekte, wie wir bereits gesehen haben, der eigentliche Auftrag mit dem Titus und der namenlose Bruder nach Korinth entsandt wurden (2Kor 8 und 9).
Zusammenfassung. Der Spendenaufruf für Jerusalem verbindet alle vier Briefe: Der Galaterbrief erklärt, wie es zu dieser Aktion gekommen ist. Am Ende des 1. Korintherbriefes beschreibt Paulus, wie diese Kollekte in den Gemeinden in Galatien und in Korinth organisiert werden sollte. Im 2. Korintherbrief bildet dieser »Dienst an den Heiligen« (2Kor 9,1) das zentrale Thema des Spendenaufrufes in 2Kor 8-9. Und der erfolgreiche Abschluß dieses Projektes ist Röm 15,26 vermeldet.

Der Brief an die Römer

Die bisherigen Betrachtungen haben einen Abschnitt aus dem Rahmen fallen lassen, das letzte Kapitel des Römerbriefes. Er paßt nicht zu der Art, wie der Rest der Briefsammlung bearbeitet ist. Die meisten Leute, die dort mit Namen aufgeführt sind, sind uns als Leser völlig unbekannt, sie spielen im Rest des Textes keine Rolle. Auch die Empfehlung der Phöbe, die in diesem Kapitel ausgesprochen wird, und die vielen Grüße sind nur für die damaligen Empfänger interessant und haben wohl keine tiefere Bedeutung. Um es mit Charlie Brown und Linus zu sagen: man hat den Eindruck, die Post anderer Leute zu lesen.

Röm 16 als Begleitschreiben

Also lassen Sie uns eine Erklärung für die merkwürdige Form von Röm 16 finden. Ich meine, dieser Abschnitt sieht wie ein Privatbrief aus, weil er ein Privatbrief ist. Paulus grüßt hier diejenigen namentlich, für die er die Autorenrezension des Römerbriefes, der Korintherbriefe und des Galaterbriefes angefertigt hat. Lassen Sie mich zur Veranschaulichung ein Beispiel eines Begleitschreibens anführen. Im letzten Abschnitt habe ich Ihnen von der Sammlung zum »Ketzertaufstreit« erzählt, die Bischof Cyprian herausgegeben hat. Die ganze Sammlung besteht eigentlich nur aus Begleitschreiben zu dem Synodenbeschluß, der das Herzstück der Briefsammlung bietet. In dem Brief an seinen mauretanischen Amtskollegen Quintus formuliert Cyprian die Intention seiner Sammlung folgendermaßen: »Um dir mitzuteilen, was die meisten Bischöfe und Presbyter-Kollegen in dieser Frage beschlossen haben, als sie sich versammelten, lege ich eine Kopie ihres Beschlusses bei« (Brief 71,1).

Ein Begleitschreiben, das Briefkopien beigelegt wird, weist zwei charakteristische Merkmale auf. Erstens: es ist nie an dieselben Empfänger gerichtet wie das Original. Und zweitens: man darf erwarten, daß sich das Begleitschreiben in irgendeiner Form auf die beigelegten Kopien bezieht. Wenn die Begleitnotiz von anderer Hand auf die Kopie geschrieben wurde, wäre der Bezug für die Leser des Originales sofort erkennbar, ohne daß der Text dies wiederholen muß. Wenn ich beispielsweise jemandem Photokopien zusende, müßte ich nicht unbedingt auf die erste Seite schreiben: »Lieber Wolfgang, das sind die Kopien, um die Du mich gebeten hast«, das wäre für den Empfänger ja evident. Ein Gruß würde völlig reichen: »Viel Spaß, Dein David«. Trotzdem, auch wenn es nicht zwingend ist, typisch für Begleitnotizen ist ein Bezug auf die Kopien allemal. In Röm 16 ist ein solcher Bezug vorhanden.

Röm 16,22
Ich, Tertius, der Schreiber dieses Briefes, grüße euch im Namen des Herrn.

Es ist klar, daß Tertius hier nicht behaupten möchte, er sei der Verfasser des Römerbriefes. Der Ausdruck ist nach zwei Seiten offen: entweder »Ich habe geschrieben, was Paulus diktiert hat« oder »Ich habe den Brief für Euch kopiert«. Falls Röm 16 eine Begleitnotiz ist, trifft die zweite Übersetzung zu.

Wie wir gesehen haben, sind autographische Subkriptionen einer der charakteristischen Eigenschaften der Paulusbriefe. Und nun darf ich Sie bitten, sich folgendes plastisch vorzustellen: Paulus schrieb, wie es seine Gewohnheit war, die abschließenden Bemerkungen und die Grüße in Röm 16 mit eigener Hand. Dann überreichte er Tertius die Feder, der einen Satz schrieb: »Ich, Tertius, der den Brief für Euch kopiert hat, grüße euch im Namen des Herrn«. Dann greift Paulus wieder zur Feder und schreibt in Ichform weiter: »Es grüßt euch Gaius, der mich und die ganze Gemeinde gastlich aufgenommen hat«, und beendet den Brief. Wenn nun Tertius diesen Satz mit eigener Hand geschrieben hatte, dann stellen die Leser des Originales unweigerlich fest, daß das die Handschrift dessen ist, der die Kopie des eingeschlossenen Briefes an die Römer (Röm 1-15) angefertigt hat. Auf diese Art und Weise stellte Paulus klar, daß es sich um eine von ihm autorisierte Kopie des Briefes handelt, selbst für den Fall, daß die Begleitnotiz auf einem eigenen Blatt angebracht war. (Die fehlende Anrede Röm 16,1 erweckt allerdings den Anschein, als wäre die Begleitnotiz auf derselben Rolle angebracht worden wie die Kopie von Röm 1-15). Gibt es eine bessere Möglichkeit, die Echtheit einer beigelegten Kopie zu beglaubigen?

Die Adresse von Röm 16

Wenn Röm 16 ein Begleitschreiben ist, dann war es nicht an Christen in Rom gerichtet. Für wen wurden diese Kopien gemacht? Falls wir in der Lage sind, die Empfänger von Röm 16 zu identifizieren, haben wir wahrscheinlich auch die Empfänger der Autorenrezension gefunden.

Es gibt nur wenige Namen in Röm 16, die auch an anderen Stellen der Briefsammlung auftauchen. Priska und Aquila werden Röm 16,3 gegrüßt. Dieses Ehepaar kennen wir bereits. Als Paulus 1 Kor 16 formulierte, waren sie bei ihm in Ephesus und ließen den Korinthern Grüße ausrichten (1 Kor 16,19). Die weiteren Schlußfolgerungen sind naheliegend: Da sich die Gemeinde von Ephesus im Haus der Priska und Aquila versammelte (1 Kor 16,19; vgl. Röm 16,5), waren sie nicht auf der Durchreise in Ephesus, sondern wohnten dort. Und da diese beiden Namen die ersten sind, die Paulus Röm 16 grüßt, ist ihr Haus wohl auch die Adresse, an die das Begleitschreiben und die Autorenrezension zugestellt werden sollte. Röm 16 ist also nach Ephesus gerichtet.

Eine weitere Beobachtung erhärtet diese Vermutung. Zu einer der angesprochenen Personen ergänzt Paulus eine geographische Angabe: Epänetus, der sich als erster aus der Provinz Asien zu Christus bekehrte. Ephesus aber ist die Hauptstadt der Provinz Asien.

Röm 16,5b
Grüßt meinen lieben Epänetus, der die Erstlingsgabe der Provinz Asien für Christus ist.

Auch formal spricht nichts dagegen, in Röm 16 eine eigenhändige Begleitnotiz des Paulus zu sehen. Am Ende von Röm 1-15 kommt Paulus zu einem deutlichen Abschluß. Der Friedenswunsch (Röm 15,33) entspricht der Funktion nach dem Gnadenwunsch am Ende der Korintherbriefe und des Galaterbriefes. Im Gegenteil, da Röm 16 auch einen Schlußwunsch hat (Röm 16,20b), ist die Annahme eines separaten Begleitschreibens sicher harmonischer als zwei Abschlußgrüße in einem Brief anzunehmen.[32]

DIE KORRESPONDENZ MIT KORINTH

Wenden wir uns nun den Korintherbriefen zu. Ich habe oben bereits erwähnt, daß mich das Rätsel um die literarische Gestalt des 2. Korintherbriefes seit langem fasziniert. Ich habe über die Jahre eine Theorie entwickelt, die ich Ihnen jetzt vorstellen möchte.

Die meisten historischen Einleitungen zu Senecas Briefausgaben, den neun Büchern Briefe des Plinius oder zu den cyprianischen Briefkompendien sind daran interessiert, zu bestimmen, was aus den ursprünglichen Briefen stammt, und was die Autoren später bei der Überarbeitung für die Veröffentlichung verändert haben. Das Gleiche gilt für Romane in Briefform, wie etwa *Die Leiden des jungen Werthers* von Johann Wolfgang von Goethe. Ohne Zweifel reflektieren diese Briefe Ereignisse aus dem Leben der Autoren. Und trotzdem, falls sich die Autoren dazu entschlossen, Material aus mehr als einem ursprünglichen Brief in der veröffentlichten Fassung zusammenzuarbeiten, hatte sicher niemand etwas dagegen. Der ursprüngliche Brief hatte seine Empfänger ja längst erreicht und seinen Zweck erfüllt.

Briefkomposition

Ein Anzeichen, das dafür spricht, daß die beiden Korintherbriefe Texte aus mehr als einem Brief verarbeiten, haben wir schon kennengelernt: der plötzliche Wechsel in der Bewertung der Korinther im 2. Korintherbrief. Doch auch unsere Betrachtung der Reisepläne in den Korintherbriefen hat eine ganze Reihe unterscheidbarer Briefsituationen aufgedeckt. Erst wartet Paulus auf Titus in Troas, reist dann aber ab ohne ihn zu treffen, begegnet ihm später in Mazedonien, schickt ihn mit dem namenlosen Bruder nach Korinth zurück und beschäftigt sich am Ende sogar mit Vorwürfen, die die Ankunft der beiden in Korinth ausgelöst haben. Eine beträchtliche Zeitspanne liegt zwischen diesen Ereignissen. Es fällt schwer sich vorzustellen, daß Paulus über so lange Zeit an verschiedenen Orten an einem einzigen Brief geschrieben hat.

Nimmt man aber an, daß Paulus im Rahmen einer Autorenrezension Kopien seines Briefwechsels mit den Korinthern an Freunde in Ephesus schickt, könnte man sich schon vorstellen, daß er die Briefe einfach hintereinander abschreiben ließ und überarbeitete. Zum Beispiel könnte man die unerwarteten Exkurse, die für die beiden Korintherbriefe so typisch sind, damit erklären, daß er Kommentare ergänzte, die einiges klarstellen oder auch nur erbauen sollten, wie z. B. das Lob der Liebe in 1Kor 13.

Andererseits bilden die fehlenden Briefe der Korrespondenz mit Korinth, die im Text erwähnt werden, einen Rückschlag für eine Theorie, die von einer sorgfältig redigierten Ausgabe ausgeht. Es wäre schon naheliegender, auch die erwähnten Briefe aufzunehmen oder wenigstens die Verweise darauf zu streichen.

Folgendes sind also die Puzzleteile, die zu einem Bild zusammengefügt werden sollen:
– Paulus hat die beiden Korintherbriefe für seine Freunde in Ephesus zusammengestellt.
– Er befindet sich in Korinth. Das wissen wir aus seinem Brief an die Römer (Röm 1-15). Er hat also Zugang zu den Originalen, die er verschickt hat und die im Archiv der Korinther lagen. Wir brauchen also nicht anzunehmen, daß Paulus Kopien seiner Korrespondenzen auf den Reisen mit sich führte. Das heißt aber auch, daß ihm seine Briefe mitsamt den autographischen Subskriptionen zur Verfügung standen, die wohl nur auf dem versandten Original vorhanden waren.
– Zwei Beobachtungen müssen auf alle Fälle erklärt werden: Warum hat er die Korrespondenz in zwei Teile geteilt? Und: Was ist mit den Briefen geschehen, die erwähnt werden, in der Autorenrezension aber scheinbar fehlen?

Im Folgenden mache ich einen Vorschlag, wie man diese Teile zu einem Bild zusammensetzen kann.

Zwei Teile

Fangen wir bei der Frage an, warum Paulus die Korrespondenz mit Korinth in zwei Teilen herausgab. Die kanonische Paulusbriefsammlung nennt diese beiden Teile den 1. Korintherbrief und den 2. Korintherbrief. (Diese Titel gehören zur Ausgabe der dreizehn Briefe und müssen nicht auf Paulus selbst zurückgehen.) Unter der Voraussetzung, daß Paulus die Ausgabe für seine Freunde in Ephesus zusammenstellt, fällt die Antwort ziemlich leicht. Denn der 1. Korintherbrief endet, als Paulus Ephesus verläßt. Bis zu diesem Punkt waren die Freunde in Ephesus über seine Beziehungen zu den Korinthern informiert. Sie kannten die Leute, die Paulus Nachrichten übermittelt hatten; sie wußten, was in Korinth vorgefallen war und was Paulus geantwortet hatte. Und selbstverständlich war den Ephesern bekannt, daß Paulus mehr als einen einzelnen Brief an die Korinther verfaßt hatte, bevor er Ephesus verließ.

Methodische Überlegungen

Wenn nun Paulus mehrere Briefe zusammengearbeitet hat, ist es uns dann noch möglich zu erkennen, wo ein Brief endet und der nächste beginnt? Dies ist heute wohl nicht mehr mit letzter Sicherheit möglich, ich meine aber doch, noch einige klare Anhaltspunkte zu erkennen, die für eine solche Rekonstruktion ausgewertet werden können.

So gibt es Formulierungen, die typischerweise am Briefanfang zu finden sind, im Deutschen etwa »Lieber Herr ...« oder am Briefende »Mit freundlichen Grüßen«. Ein Element, das bei diktierten Briefen einen Briefschluß markiert und das wir schon intensiv behandelt haben, ist die eigenhändige Subskription. Im 20. Jahrhundert wurde das griechische Briefformular der Antike sehr intensiv erforscht, die Daten stehen den interessierten Wissenschaftlern gesammelt und geordnet zur Verfügung.[33] Wenn also formale Elemente von Briefenden gefolgt werden von formalen Elementen, die für Briefanfänge typisch sind, läßt sich diese Textstelle leicht als Zeichen dafür interpretieren, daß hier zwei Briefe zusammenstoßen.

Zu einem antiken Brief gehört typischerweise auch ein Briefbote. Und häufig erwähnen die Korrespondenzpartner, woher sie neue Nachrichten voneinander erhalten haben, und nennen die Namen der Boten. Diese Beobachtung möchte ich für meine Argumentation verwenden: die Erwähnung einer neuen Informationsquelle oder eines neuen Boten zeigt an, daß ein neuer Brief vorliegt. Denn jeder Brief braucht nur einen »Briefträger«.

Sieben Briefe

Im Folgenden möchte ich Ihnen meine Anhaltspunkte dafür vorstellen, daß der 1. Korintherbrief aus drei Briefen und der 2. Korintherbrief aus vier Briefen zusammengesetzt wurde. Diese Briefe sind chronologisch angeordnet. Auch meine ich, daß alle im Text erwähnten Briefe des Paulus nach Korinth noch erhalten sind.

Erster Brief 1Kor 1,10-4,21: »Es wurde mir berichtet, daß es Zank und Streit unter euch gibt«. Die ersten Boten, die Paulus im 1. Korintherbrief erwähnt, haben wir bereits kennengelernt. Es sind die Leute aus dem Hause der Chloe. Sie hatten ihm von Streitigkeiten innerhalb der korinthischen Gemeinde berichtet. Aus diesem Anlaß behandeln die ersten vier Kapitel des 1. Korintherbriefes diese Streitigkeiten. Am Ende dieses Teiles erwähnt Paulus einen Boten, Timotheus, den er zu den Korinthern schickt.

1Kor 1,11
Es wurde mir nämlich, meine Brüder, von den Leuten der Chloe berichtet, daß es Zank und Streit unter euch gibt.

1Kor 4,16-17
Darum ermahne ich euch: Haltet euch an mein Vorbild! Eben deswegen schicke ich Timotheus zu euch, mein geliebtes und treues Kind im Herrn. Er wird euch erinnern an meine Weisungen, wie ich sie als Diener Christi Jesu überall in allen Gemeinden gebe.

Die Bemerkungen, mit denen Timotheus empfohlen wird, weisen ihn wahrscheinlich als Briefboten aus, der die Antwort des Paulus überbringt. Ein erster Brief könnte also hier zu Ende sein.

Noch eine kleine Anmerkung zu einem Eigennamen im 1. Korintherbrief, zu Gaius. Paulus erwähnt ihn 1Kor 1,14: »Ich danke Gott, daß ich niemand von euch getauft habe, außer Krispus und Gaius«. Ein weiterer Grund, warum Paulus diesen Namen nicht gestrichen hat, besteht vielleicht darin, daß ihn die Epheser aus dem Begleitschreiben zur Sammlung, Röm 16, kennen. Dort ist er als Gastgeber des Paulus genannt:

»Es grüßt euch Gaius, der mich und die ganze Gemeinde gastlich aufgenommen hat« (Röm 16,23). Der Name bedeutet den Freunden in Ephesus also etwas, es ist die Adresse des Paulus. Mit Sicherheit kann man natürlich nicht sagen, ob es sich beide Male um dieselbe Person handelt, aber widerlegen kann man es auch nicht.

Zweiter Brief 1Kor 5,1-6,11: Der unzüchtige Bruder. Als Paulus das nächste Mal neue Informationen erwähnt, haben ihn Nachrichten von sexuellen Verfehlungen erreicht. Neue Informationen zeigen den Beginn eines neuen Briefes an. Dieses Mal nennt er seine Quelle aber nicht.

1 Kor 5,1
Übrigens hört man von Unzucht unter euch, und zwar von Unzucht, wie sie nicht einmal unter den Heiden vorkommt, daß nämlich einer mit der Frau seines Vaters lebt.

Offensichtlich spricht Paulus hier von einem einzelnen Mitglied der Gemeinde. Seine Empfehlung lautet, den Sünder aus der Gemeinde auszuschließen. Ich möchte Sie auf diesen merkwürdigen Vorgang aufmerksam machen, bei der ein Mensch unter Anrufung göttlicher Mächte während einer Gemeindeversammlung dem Teufel übergeben wird. Paulus nimmt in einem späteren Brief wahrscheinlich nochmals darauf Bezug.

1 Kor 5,4-5
Im Namen Jesu, unseres Herrn, wollen wir uns versammeln, ihr und mein Geist, und zusammen mit der Kraft Jesu, unseres Herrn, diesen Menschen dem Satan übergeben zum Verderben seines Fleisches, damit sein Geist am Tag des Herrn gerettet wird.

Mit dem folgenden Satz (1Kor 5,9-11) haben wir uns schon einmal kurz beschäftigt. Er wird meist als Hinweis auf einen verlorenen Brief verstanden. Aber dieser Abschnitt kann sich genau so gut auch auf den Brief beziehen, den Paulus gerade schreibt. Urteilen Sie selbst.

1 Kor 5,9-11
Ich habe euch in meinem Brief ermahnt, daß ihr nichts mit Unzüchtigen zu schaffen haben sollt. Gemeint waren damit nicht alle Unzüchtigen dieser Welt oder alle Habgierigen und Räuber und Götzendiener; sonst müßtet ihr ja aus der Welt auswandern. In Wirklichkeit meinte ich damit: Habt nichts zu schaffen mit einem, der sich Bruder nennt und dennoch Unzucht treibt, habgierig ist, Götzen verehrt, lästert, trinkt oder raubt; mit einem solchen Menschen sollt ihr nicht einmal zusammen essen.

Paulus nimmt deutlich Bezug auf das Thema, das er gerade behandelt hat: »einen, der sich Bruder nennt und dennoch Unzucht treibt«. Sehr häufig finden wir an Briefenden einen Abschnitt, in dem die Briefschreiber etwas über den Brief sagen, den sie gerade beenden. So erklärt Paulus am Ende seines Briefes an die Römer, warum er »einen teilweise sehr deutlichen Brief geschrieben« hat, obwohl er noch nie zuvor in Rom gewesen war (Röm 15,15). Er bezieht sich damit eindeutig auf den Brief den er gerade schreibt. Oder am Ende des Hebräerbriefes und am Ende des 1. Petrusbriefes entschuldigen sich die Autoren dafür, daß ihr Brief nicht länger ausgefallen ist. Und jedes Mal benutzen sie das Verb in derselben Zeitform (Aorist des Briefstils).

Röm 15,15
Um euch aber einiges in Erinnerung zu rufen, habe ich euch einen teilweise sehr deutlichen Brief geschrieben. Ich tat es kraft der Gnade, die mir von Gott gegeben ist, ...

Hb 13,22
Schließlich bitte ich euch, Brüder, nehmt diese Mahnrede bereitwillig an; ich habe euch ja nur kurz geschrieben.

1 Petr 5,12
Durch den Bruder Silvanus, den ich für treu halte, habe ich euch kurz geschrieben; ich habe euch ermahnt und habe bezeugt, daß dies die wahre Gnade Gottes ist, in der ihr stehen sollt.

Es ist aber auch außerhalb des Neuen Testamentes ein typisches Formelement am Briefende, daß die Briefschreiber nochmals über den Brief nachdenken, den sie gerade geschrieben haben.[34] 1Kor 5,9-11 ist eine Formulierung, die gut an ein Briefende paßt. Paulus nennt uns den Namen des Mannes nicht, der ein Verhältnis hatte mit der Frau seines Vaters. Ohne Zweifel bezieht er sich aber auf einen sehr konkreten Vorfall. Er diskutiert nicht über sexuelle Ausschweifungen an sich. Er sagt der Gemeinde ganz konkret, wie sie mit diesem Mann verfahren soll. Paulus kannte seinen Namen und hat ihn ziemlich sicher im ursprünglichen Brief auch genannt. Doch als er die Briefe für die Epheser überarbeitete, ließ er den Namen weg. Aus einigen Bemerkungen im 2. Korintherbrief, zu denen wir gleich kommen werden, läßt sich erschließen, daß sich der Betroffene aus der Beziehung zur Frau seines Vaters gelöst hat und von der Gemeinde mit offenen Armen wieder aufgenommen wurde. Warum sollte Paulus dann den Namen dieses reumütigen Sünders einem unbeteiligten Lesepublikum mitteilen? Es wäre sicher sehr kompromittierend für dieses Gemeindemitglied gewesen, mit dem Paulus vielleicht sogar regelmäßig Kontakt hatte, als er die Korintherbriefe in Korinth redigierte.

1Kor 7,1
Nun zu den Anfragen eures Briefes! »Es ist gut für den Mann, keine Frau zu berühren.«

Dritter Brief 1Kor 6,12-16,24: Antwort auf einen Brief aus Korinth.
Die nächste Informationsquelle, die Paulus erwähnt, ist ein Brief aus Korinth: »Nun zu den Anfragen eures Briefes!« (1Kor 7,1). Eine neue Informationsquelle ist wiederum ein Zeichen für einen neuen Brief. Das Antwortschreiben kann aber nicht an dieser Stelle begonnen haben, weil der Abschnitt syntaktisch eng mit dem vorhergehenden Abschnitt 1Kor 6,12-20 verknüpft ist. Dort weist der Text inhaltlich einen Neueinsatz auf. Es könnte sich hier um den gesuchten Anfang eines dritten Briefes handeln.

1 Kor 6,12-14
»Alles ist mir erlaubt« – aber nicht alles nützt mir. Alles ist mir erlaubt, aber nichts soll Macht haben über mich. Die Speisen sind für den Bauch da und der Bauch für die Speisen; Gott wird beide vernichten. Der Leib ist aber nicht für die Unzucht da, sondern für den Herrn, und der Herr für den Leib. Gott hat den Herrn auferweckt; er wird durch seine Macht auch uns auferwecken.

Auffällig an 1 Kor 6,12-14 ist, daß Themen der folgenden Kapitel vorweggenommen werden. »›Alles ist mir erlaubt‹ – aber nicht alles nützt mir« (1 Kor 6,12). Dieser Satz wird Wort für Wort in 1 Kor 10,23 wiederholt. Dort behandelt der Zusammenhang die Frage, ob ein Christ Fleisch essen darf, das den Götzen geweiht worden war. Und Essen ist auch das Thema der folgenden Verse (1 Kor 6,13): »Die Speisen sind für den Bauch da und der Bauch für die Speisen; Gott wird beide vernichten.« Der Satz »Der Leib ist aber nicht für die Unzucht da, sondern für den Herrn, und der Herr für den Leib« (1 Kor 6,13) läßt sich leicht mit 1 Kor 7 in Beziehung setzen, wo Paulus unter anderem die Ehe als christliche Alternative zur sexuellen Zügellosigkeit propagiert. Und schließlich nimmt die Formulierung »Gott hat den Herrn auferweckt; er wird durch seine Macht auch uns auferwecken« das Thema von 1 Kor 15 vorweg, wo Paulus ausführlich von der Auferstehung Jesu spricht.

Nachdem Paulus den Lesern seine Informationsquelle nennt – ein Brief aus Korinth – leitet er das erste Thema dieses Briefes mit der griechischen Formulierung, »was ... betrifft« ein. Und wie im Formular eines modernen Geschäftsbriefes der Betreff als erste Zeile erscheint, leitet auch Paulus im Folgenden regelmäßig ein neues Thema damit ein: »Was die Aussage in Eurem Brief betrifft: ›Es ist gut für den Mann, keine Frau zu berühren‹« (1 Kor 7,1); »was die Jungfrauen betrifft, ...« (1 Kor 7,25); »was das Götzenopferfleisch betrifft ...« (1 Kor 8,1); »was die Gaben des Geistes betrifft ...« (1 Kor 12,1); »was die Geldsammlung für die Heiligen betrifft, ...« (1 Kor 16,1). Eine einfache Erklärung für diese stereotypen Wiederholungen ist, daß Paulus mit dieser Wendung jedes Mal wieder auf den Brief aus Korinth Bezug nimmt.

Ist diese Schlußfolgerung korrekt, dann beantwortet Paulus

im letzten Kapitel des 1. Korintherbriefes immer noch den Brief aus Korinth. Dort nennt er auch die Namen derjenigen, die ihn aus Korinth besucht haben. Und es ist wiederum leicht vorstellbar, daß diese Männer, Stephanas, Fortunatus und Achaikus, diejenigen sind, die Paulus den Brief überbracht haben.

1 Kor 16,17
Es freut mich, daß Stephanas, Fortunatus und Achaikus zu mir gekommen sind; sie sind mir ein Ersatz für euch, da ihr nicht hier sein könnt.

Und im selben Kapitel empfiehlt Paulus wieder seinen Mitarbeiter Timotheus, den er schon einmal als Boten mit dem ersten Brief nach Korinth gesandt hatte. Er wird ihn vielleicht auch als Träger dieses dritten Briefes (1 Kor 6,12-16,21) eingesetzt haben.

1 Kor 16,10-11
Wenn Timotheus kommt, achtet darauf, daß ihr ihn nicht entmutigt; denn er arbeitet im Dienst des Herrn wie ich. Keiner soll ihn geringschätzen. Verabschiedet ihn dann in Frieden, damit er zu mir zurückkehrt; ich warte auf ihn mit den Brüdern.

Meine wichtigsten Argumente — daß es für Privatbriefe typisch ist, die Quelle der neuen Information zu nennen, den Boten zu nennen, der die Nachricht überbracht hat und den Boten zu empfehlen, der die Antwort überbringt, sind in diesem dritten Brief nicht unbestreitbar. Bezugnahme auf einen Brief aus Korinth ist nicht die einzige Erklärung für die Wiederholung der einleitenden Formulierung »was ... betrifft«. Der Text sagt auch nicht ausdrücklich, daß Stephanas und seine Begleiter einen Brief aus Korinth überbracht hätten, genauso gut könnten sie diejenigen gewesen sein, die die Antwort des Paulus nach Korinth zurücktrugen. Und was Timotheus angeht, ist der Text offen für das Verständnis, daß Paulus davon ausging, daß Timotheus erst nach dem Brief, den er gerade schrieb, in Korinth ankommen würde. Es gibt noch mehr mögliche Interpretationen, die die Anzahl der denkbaren Kombinationen noch weiter steigert.

Der 2. Korintherbrief setzt ein, als Paulus Ephesus verläßt und zu seiner Reise aufbricht, die ihn am Ende nach Korinth führt. Die Suche nach ursprünglichen Texteinheiten wird im 2. Korintherbrief durch die Beobachtung sehr erleichtert, daß der Text an drei Stellen durch einen deutlichen Neueinsatz gegliedert ist: 2 Kor 2,14; 7,4 und 10,1. Jede dieser Schnittstellen enthält einige Formelemente, die für Briefanfänge oder -enden typisch sind. Daher legt sich nahe, an diesen Stellen das Zusammentreffen zweier ursprünglicher Brieftexte anzunehmen. Jeder dieser vier Briefe kann leicht mit einer unterschiedlichen Briefsituation in Verbindung gebracht werden.[35]

Vierter Brief 2Kor 1,3-2,11: Tränenbrief. Diesen Teil des 2. Korintherbriefes haben wir schon zweimal angesprochen. Die Reisenotizen plazieren ihn nach der Reise von Ephesus (1 Kor 16,8) nach Troas, von wo er nach Mazedonien (2 Kor 2,12-13) aufbricht. Und inhaltlich enthält dieser Teil unter anderem die Entschuldigung des Paulus für seine geänderten Reisepläne.

Das Verhältnis zu den Korinthern ist offensichtlich sehr gespannt. Der folgende Text wird häufig als Bezug auf einen verlorenen Brief an die Korintherbrief gedeutet.

2 Kor 2,2-4
Wenn ich euch nämlich betrübe, wer wird mich dann erfreuen? Etwa der, den ich selbst betrübt habe? Und so schrieb ich, statt selber zu kommen, einen Brief, um nicht von denen betrübt zu werden, die mich erfreuen sollten; und ich bin sicher, daß meine Freude auch die Freude von euch allen ist. Ich schrieb euch aus großer Bedrängnis und Herzensnot, unter vielen Tränen, nicht um euch zu betrüben, nein, um euch meine übergroße Liebe spüren zu lassen.

Aber wie schon in 1 Kor 5 läßt sich dieser Absatz auf den Brief beziehen, den Paulus gerade fertigstellt. »Ich habe Euch einen Brief geschrieben, statt selbst zu kommen« bringt prägnant auf den Punkt, was er im Text davor zu erklären sucht, nämlich eine Entschuldigung für seine geänderten Reisepläne. Im Anschluß daran bezieht sich Paulus auf jemanden, »der Betrübnis verursacht hat« und fordert die Gemeinde auf, ihm zu verzeihen. Es könnte sich hierbei um den Mann handeln, dessen sexuelle Verfehlung Paulus in seinem zweiten Brief (1 Kor 5) angeprangert hat.

2Kor 2,5-8
Wenn aber einer Betrübnis verursacht hat, hat er nicht mich betrübt, sondern mehr oder weniger — um nicht zu übertreiben — euch alle. Die Strafe, die dem Schuldigen von der Mehrheit auferlegt wurde, soll genügen. Jetzt sollt ihr lieber verzeihen und trösten, damit der Mann nicht von allzu großer Traurigkeit überwältigt wird.

Die Frage, ob sich Paulus hier wirklich auf den Unzüchtigen aus dem 1. Korintherbrief bezieht, ist unter Exegeten heftig umstritten. Je mehr man damit rechnet, daß Brieftexte aus ihrem Zusammenhang herausgerissen und ohne klar erkennbares Konzept wieder zusammengestückelt wurden, desto eher wird man vermuten, daß hier etwas erwähnt wird, das von den Lesern gar nicht aufgeschlüsselt werden kann. Geht man aber wie in meiner hier dargelegten Interpretation davon aus, daß die beiden Korintherbriefe ein von Paulus gestaltetes, sinnvolles Ganzes ergeben, so darf man sicher nach Querverweisen fragen, die vom Autor absichtlich erhalten oder vielleicht sogar eingefügt wurden: nur ein einziges Mal vorher wurde der Fall eines einzelnen männlichen Gemeindemitgliedes im Text diskutiert. Neben den Reiseplänen, der Erwähnung von Pauluskritikern in Korinth und der Kollekte bildet dieser Fall einen weiteren roten Faden, der sich durch die Korrespondenz zieht.

Es ist also wiederum nicht notwendig, einen verlorenen Paulusbrief an die Korinther anzunehmen. Paulus spricht über den Brief, den er gerade beendet. Er drückt die Trauer aus, die er beim Schreiben empfindet und erläutert seine Gründe, warum er schreibt — genau wie er es auch am Ende des Römerbriefes getan hat (Röm 15,15).

Fragen wir danach, ob sich die autographische Subskription noch erkennen läßt? Man kann sich leicht vorstellen, daß der Hauptteil des Briefes mit dem Satz zu einem Ende kommt: »Ich habe mich entschlossen, nicht noch einmal in Trübsal zu euch zu kommen« (2Kor 2,1). Wir haben gesehen, daß autographische Subskriptionen, die ein Dokument beglaubigen, typischerweise einen Gedanken aus dem vorhergehenden Text aufnehmen. Paulus nimmt das griechische Wort für »Trübsal« auf und spielt damit. Er benutzt dieses Wort nicht weniger als sieben Mal im folgenden Satz (2Kor 2,2-8). Und wenn er dann formuliert: »Ich habe euch eben dieses geschrieben, damit ...« (2,3) oder »Dazu habe ich euch auch geschrieben, damit ...« (2,9), so benutzt er genau die gleiche Formulierung für »ich habe geschrieben«, wie er es in der autographischen Subskription im Brief an die Galater tut (Gal 6,11).

Gal 6,11
Seht, ich schreibe euch jetzt mit eigener Hand; das ist meine Schrift.

Diese griechische Entsprechung von »ich habe geschrieben« (Aorist) ist offen für eine präsentische deutsche Übersetzung; man könnte 2Kor 2,9 also auch so wiedergeben: »Ein anderer Grund, warum ich euch schreibe, ist herauszufinden, ob ihr wirklich in allen Stücken gehorsam seid.« Diese Übersetzung paßt besser in den Kontext. Es erklärt, warum sich Paulus so sehr freut, als er später Nachricht erhält, daß die Korinther den Test bestanden haben und ihm Titus mitteilen konnte, daß sie »Sehnsucht« nach Paulus hätten, daß es ihnen leid täte und sie wieder »Eifer« für ihn hätten (2Kor 7,7).

Auch der letzte Absatz dieses vierten Briefes an die Korinther ist im Aorist des Briefstiles formuliert und drückt daher aus, was Paulus zur Zeit, als der diese Zeilen schrieb, gerade tat. Ich möchte die Passage daher nicht wie die Einheitsübersetzung in der Vergangenheit sondern präsentisch übersetzen.

2Kor 2,12-13
Ich bin nach Troas gekommen, um das Evangelium von Christus zu verkünden und der Herr hat mir eine Tür geöffnet. Aber ich finde keine Ruhe in meinem Geist, weil ich Titus, meinen Bruder, nicht angetroffen habe. Deshalb verabschiede ich mich von den Leuten hier und breche nach Mazedonien auf.

Reisepläne bilden ein Formelement, das rein statistisch betrachtet häufig am Ende von Briefen auftritt. Gleichzeitig wäre damit auch der äußere Anlaß des Briefes gegeben. Erinnern Sie sich noch an den oben zitierten Brief, den Heron an seinen Bruder Heraclides sandte, und wie wichtig der richtige Moment beim Briefeschreiben sein kann? Paulus mußte sich darum bemühen, daß die Nachricht die Korinther erreichte, bevor Titus nach Troas aufbrach. Und deshalb schrieb er diesen Brief zu diesem Zeitpunkt.[36]

Fünfter Brief 2Kor 2,14-7,3: »Brauchen wir Empfehlungsschreiben?« Ein deutliches Merkmal für einen Briefanfang in den Paulusbriefen wäre, wie wir gesehen haben, ein Dankgebet. Und genau damit beginnt 2Kor 2,14-7,3.

2Kor 2,14
Dank sei Gott, der uns stets im Siegeszug Christi mitführt und durch uns den Duft der Erkenntnis Christi an allen Orten verbreitet.

Zwischen dem vorhergehenden Text und 2Kor 2,14-7,3 besteht keine direkte Verbindung, die Reisepläne werden nicht erwähnt und der Umgang mit dem »Sünder« ist nicht angesprochen.

Liest man die korinthische Korrespondenz als eine Einheit, so ist die Briefsituation dieses Teiles gerahmt von der Abreise des Paulus aus Troas (2Kor 2,12-13) und seiner Ankunft in Mazedonien (2Kor 7,5). Paulus hatte gehofft, Titus in Troas anzutreffen und über die neueste Entwicklung in Korinth unterrichtet zu werden, brach dann aber nach Mazedonien auf bevor Titus eintraf. Paulus erreicht Mazedonien und fühlt sich entmutigt und niedergeschlagen: »Als wir nach Mazedonien gekommen waren ... bedrängten uns Schwierigkeiten: von außen Widerspruch und Anfeindung, im Innern Angst und Furcht« (2Kor 7,5). Vor allem weiß er nicht, wie die Korinther auf seinen »Tränenbrief« (2Kor 1,3-2,11) reagiert haben. Das ist die Situation, in dessen Zusammenhang 2Kor 2,14-7,3 gestellt ist.

In diesem Licht erscheint das Hauptthema dieses Schreibens, die theologische Begründung seiner göttlichen Mission, wie ein Brief, in dem sich Paulus selbst empfiehlt. Er ist sich dessen bewußt und spielt darauf an.

2Kor 3,1
Fangen wir schon wieder an, uns selbst zu empfehlen? Oder brauchen wir – wie gewisse Leute – Empfehlungsschreiben an euch oder von euch?

2 Kor 5,12
Damit wollen wir uns nicht wieder vor euch rühmen, sondern wir geben euch Gelegenheit, rühmend auf uns hinzuweisen, ...

Der fünfte Brief an die Korinther ist sehr sorgfältig komponiert. Er endet mit einem emotionalen Appell an die Korinther. Der persönliche Ton des letzten Abschnittes (2 Kor 7,2-3), der fast wörtlich an Aussagen aus dem Hauptteil des Briefes anknüpft (2 Kor 6,11-13), deutet mit hoher Wahrscheinlichkeit auf die autographische Subskription.

2 Kor 6,11-13
Unser Mund hat sich für euch aufgetan, Korinther, unser Herz ist weit geworden. In uns ist es nicht zu eng für euch; eng ist es in eurem Herzen. Laßt doch als Antwort darauf – ich rede wie zu meinen Kindern – auch euer Herz weit aufgehen!

2 Kor 7,2-3
Gebt uns doch Raum in eurem Herzen! Niemand haben wir geschädigt, niemand zugrunde gerichtet, niemand übervorteilt. Ich sage das nicht, um euch zu verurteilen; denn eben habe ich gesagt, daß ihr in unserm Herzen wohnt, verbunden mit uns zum Leben und zum Sterben.

Die Spannung, in der dieser »Empfehlungsbrief« steht, und die Ungewißheit über die korinthische Reaktion, schlägt sich nieder in einem sehr abgehobenen, systematisierenden Stil, in dem Anspielungen auf konkrete Ereignisse fehlen und die Wertung der Korinther auffällig offen bleibt. Er lobt sie nicht, aber er tadelt sie auch nicht. Viele Ausleger finden in diesem Teil die wertvollsten theologischen Aussagen des 2. Korintherbriefes.
Sechster Brief 2Kor 7,4-9,15: Die Kollekte. In 2 Kor 7,4 findet der plötzliche Gesinnungswechsel statt, von dem schon mehrfach die Rede war. Paulus hat »großes Vertrauen« zu den Korinthern und ist »sehr stolz« auf sie: »Trotz aller Not bin ich von Trost erfüllt und ströme über von Freude.« Ein neuer Brief beginnt.
Die Briefsituation ist klar umrissen: Paulus ist in Mazedo-

nien, er hat Titus getroffen, der ihm gute Nachrichten aus Korinth überbrachte. Und er schickt Titus zurück, er soll die »in Aussicht gestellte Spende schon jetzt einsammeln« (2 Kor 9,5), damit alles erledigt ist, wenn Paulus nachkommt. Titus ist der Bote, der diesen »Kollektenbrief« überbringt.

An einer Stelle bezieht sich Paulus ausdrücklich auf einen alten Brief: »Daß ich euch aber mit meinem Brief traurig gemacht habe, tut mir nicht leid« (2Kor 7,8a). Das ist nun die dritte Stelle der Korintherbriefe, die Anlaß gibt, über verlorengegangene Briefe nach Korinth zu spekulieren. Aber ich meine, auch dieser Brief ist in der Autorenrezension erhalten geblieben.

Erinnern wir uns an den Schluß des »Tränenbriefes« (2Kor 2,2-4; 5-8). Paulus sprach dort von der Traurigkeit, die er beim Schreiben des Briefes empfand, und er forderte die Gemeinde auf, dem Sünder zu verzeihen: »die Strafe, die dem Schuldigen von der Mehrheit auferlegt wurde, soll genügen« (2Kor 2,6). Beide Themen sind als Bestandteil des Briefes genannt, von dem Paulus in 2Kor 7 spricht.

2Kor 7,8a.11.12
Daß ich euch aber mit meinem Brief traurig gemacht habe, tut mir nicht leid ... . Wie groß war doch der Eifer, zu dem euch diese gottgewollte Traurigkeit geführt hat ... wie wirksam eure Anstrengung und am Ende die Bestrafung! In jeder Hinsicht hat es sich gezeigt, daß ihr in dieser Sache unschuldig seid. Wenn ich euch also geschrieben habe, so tat ich es nicht, um den zu treffen, der Unrecht getan hatte, auch nicht, um dem Recht zu verschaffen, der Unrecht erlitten hatte, sondern ich tat es, damit euer Eifer für uns sichtbar werde vor euch und vor Gott.

Das Wort für »Traurigkeit«, das Paulus hier verwendet, ist dasselbe griechische Wort, das er am Ende des »Tränenbriefes« so ausführlich benutzte. Er wiederholt es wiederum acht mal (2Kor 7,8-11). Und da in der korinthischen Korrespondenz kein zweiter Vorfall erwähnt wird, bei dem die Gemeinde kollektiv einen Sünder bestraft, verweist Paulus meiner Ansicht nach wieder auf den Mann, der mit der Frau seines Vaters lebte.

Und nun noch zu einer anderen Frage, die sich vielleicht noch klären läßt. Wo begann die autographische Subskription? Ich meine, sie beginnt 2 Kor 9,1.

2 Kor 9,1-2a
Eigentlich ist es unnötig, euch über das Hilfswerk für die Heiligen zu schreiben. Denn ich kenne euren guten Willen ...

Dies ist der Punkt, an dem Paulus wieder damit beginnt, über den Brief nachzudenken, den er gerade zu Ende bringt: »Eigentlich müßte ich euch nicht über das Hilfswerk für die Heiligen schreiben.« Ganz deutlich nimmt er das Thema des vorhergehenden Textes auf. Obwohl Paulus so tut, als wäre eine nochmalige Aufforderung zur Spende überflüssig, verraten die folgenden Zeilen doch, daß er sich sehr unter Druck gesetzt fühlt. Was jetzt kommt, ist vertraulich, und vertrauliche Notizen sind charakteristisch für autographische Subskriptionen.

2 Kor 9,2-5
Denn ich kenne euren guten Willen und rühme euch vor den Mazedoniern, indem ich ihnen sage: Achaia ist seit einem Jahr gerüstet. Und euer Eifer hat viele andere angespornt. Trotzdem habe ich die Brüder zu euch geschickt; denn unser Lob für euch könnte in dieser Hinsicht verfrüht gewesen sein. Ihr solltet also jetzt wirklich, wie ich sagte, gerüstet sein. Wenn nämlich Mazedonier mit mir kämen und euch noch nicht gerüstet fänden, dann könnte es geschehen, daß wir uns wegen dieser unserer Erwartung zu schämen hätten – um nicht zu sagen, ihr hättet euch zu schämen. Ich hielt es also für notwendig, die Brüder zu bitten, sie möchten vorausreisen und eure in Aussicht gestellte Spende schon jetzt einsammeln, damit sie dann verfügbar ist, und zwar als großzügige Spende, nicht als Gabe des Geizes.

Paulus beschreibt hier lebendig, in welch unangenehme Situation er sich selbst gebracht hat. Um die Mazedonier zu großzügigen Spenden für die Heiligen in Jerusalem zu motivieren, hatte er sich hinreißen lassen und behauptet, daß die Korinther die Spendenaktion begeistert unterstützten. Vielleicht hatte er nach den Spannungen mit den Korinthern schon dunkle Vorahnungen, doch als Titus eintraf, wurde es zur Gewißheit: die Korinther hatten das vergangene Jahr nicht so genutzt, wie es Paulus vorgeschlagen hatte und jede Woche gesammelt (1 Kor 16,1-2). Wie würde er dastehen, wenn die ärmeren mazedonischen Gemeinden, die es geschafft hatten, eine beträchtliche Summe zusammenzutragen, herausfanden, daß sich die Korinther bisher kaum daran beteiligt hatten? Er würde sein Gesicht verlieren. Man könnte ihn als Lügner bezeichnen. Wahrscheinlich war das der Grund, warum ihm Titus vorschlug, sofort wieder in Begleitung des namenlosen Bruders abzureisen. Paulus ging darauf ein und stattete die Delegation mit einem offiziellen Spendenaufruf aus (2 Kor 8). Am Ende ergänzte er eine eigenhändige Subskription. Da es bei der Sache ja um Geld ging, beglaubigte diese Unterschrift den vorausgehenden Spendenaufruf. Gleichzeitig nutzt er die Gelegenheit und redet den Korinthern nochmals ins Gewissen. Die Art, wie Paulus hier über die Mazedonier spricht, legt sehr nahe, daß es Paulus so eingerichtet hat, daß die Mazedonier diese Subskription nicht lesen konnten.

Siebter Brief 2 Kor 10,1-13,14: »Ich stehe den Überaposteln keineswegs nach!« 2 Kor 10 beginnt wieder mit einem Neueinsatz. Es besteht keine direkte Anknüpfung zum vorhergehenden Text. Schon beim Lesen der ersten Zeilen wird deutlich, daß er schlechte Nachrichten aus Korinth erhalten hat. Ein Besuch läßt sich nicht mehr verschieben, die Briefe zeigen keine Wirkung mehr.

2 Kor 10,1
Ich, Paulus, der ja im persönlichen Umgang mit euch so unterwürfig, aus der Ferne aber so unerschrocken sein soll, ich ermahne euch ...

2 Kor 10,9-10
Ich möchte nicht den Anschein erwecken, als wollte ich euch durch meine Briefe einschüchtern. Ja, die Briefe, wird gesagt, sind wuchtig und voll Kraft, aber sein persönliches Auftreten ist matt, und seine Worte sind armselig.

Über diese beiden Sätze haben wir schon gesprochen. Weil Paulus hier von »Briefen« spricht, muß dem 2. Korintherbrief mehr als nur ein Brief vorangegangen sein. In gewissem Sinne findet meine Analyse also eine Bestätigung. Auch die Vorbereitung der Kollekte scheint nicht so verlaufen zu sein, wie Paulus es sich gewünscht hatte. Die Delegation mit Titus und dem namenlosen Bruder ist in Korinth eingetroffen.

2Kor 12,17-18
Habe ich euch vielleicht durch einen, den ich zu euch sandte, übervorteilt? Ja, ich habe Titus gebeten, euch zu besuchen, und den Bruder mit ihm gesandt. Hat Titus euch etwa übervorteilt? Haben wir nicht beide im gleichen Geist gehandelt? Sind wir nicht in den gleichen Spuren gegangen?

Vielleicht stehen hinter diesen rhetorischen Fragen konkrete Vorwürfe der Korinther. Wir wissen es nicht. Der Auftrag des Titus lautete allerdings Geld einzusammeln, und das mag zu Mißverständnissen geführt haben, wie man hinter folgenden Sätzen vermuten darf: »Hat Titus euch etwa übervorteilt?« (2Kor 12,18) und »Ich suche ja nicht euer Geld, sondern euch« (2Kor 12,14).

Damit haben wir das Ende der Korrespondenz mit Korinth erreicht und einen sehr anstrengenden Abschnitt unserer Reise zu Ende gebracht.

DER BRIEF AN DIE GALATER

Bis auf den heutigen Tag haben es die Exegeten des Neuen Testamentes nicht geschafft, sich über die Frage nach der genauen Adresse des Galaterbriefes zu einigen. Galatien bezeichnet entweder eine geographische Region oder eine römische Provinz, in beiden Fällen aber ein großes Gebiet und nicht eine Stadt wie die anderen Gemeindebriefe des Paulus. Das wäre so, als würde man heute einen Brief »an die Sachsen«

schreiben. Ist damit das Bundesland (wenn ja, welches?), die ethnische Gruppe, die sich durch ihren Dialekt definiert (mein Vater, der Sachse war, hat immer behauptet, die Sachsen wären die einzigen, die keinen Dialekt hätten), oder eine grenzenübergreifende Region gemeint? Auch daß sich Paulus der Mehrdeutigkeit dieser Empfängerangabe nicht bewußt war, kann ausgeschlossen werden, denn schließlich ist seine überlieferte Heimatstadt, Tarsus, in unmittelbarer Nähe Galatiens. Wir haben bereits festgestellt, daß die meisten Elemente, die für Briefe typisch sind, im Galaterbrief fehlen. Das Schreiben weist keinerlei Grüße auf, es werden weder Reisepläne erwähnt, noch werden Boten genannt, auch seine Informationsquelle gibt Paulus nicht an.

Die autographische Subskription des Galaterbriefes ist von der Form her auffallend ähnlich gestaltet wie diejenigen Subskriptionen, die sich auf juristischen Urkunden finden, weil sie zentrale Themen des Hauptdokumentes wiederholt, z. B. Beschneidung, Gesetzesbeachtung und die Bedeutung des Kreuzes.

Gal 6,12-14
Jene Leute, die in der Welt nach Anerkennung streben, nötigen euch nur deshalb zur Beschneidung, damit sie wegen des Kreuzes Christi nicht verfolgt werden. [*Vgl. Gal 5,11: Man behauptet sogar, daß ich selbst noch die Beschneidung verkündige. Warum, meine Brüder, werde ich dann verfolgt? Damit wäre ja das Ärgernis des Kreuzes beseitigt.*] Denn obwohl sie beschnitten sind, halten sie nicht einmal selber das Gesetz; dennoch dringen sie auf eure Beschneidung, um sich dessen zu rühmen, was an eurem Fleisch geschehen soll. Ich aber will mich allein des Kreuzes Jesu Christi, unseres Herrn, rühmen, durch das mir die Welt gekreuzigt ist und ich der Welt. [*Vgl. Gal 5,24: Alle, die zu Jesus Christus gehören, haben das Fleisch und damit ihre Leidenschaften und Begierden gekreuzigt.*]

Von allen Paulusbriefen, ist der Brief an die Galater derjenige, der am sorgfältigsten ausgearbeitet und strukturiert ist. Neue Untersuchungen haben gezeigt, daß der Aufbau des Galaterbriefes bis in Einzelheiten hinein den rhetorischen Regeln folgt, wie sie in den Handbüchern der damaligen Zeit festgelegt waren.[37] Der Galaterbrief entspricht von der Gattung her eher einer eidesstattlichen Erklärung, die sogar vor Gericht verwendet werden könnte, als einem persönlichen Brief an gute Bekannte.

Ich habe schon darauf hingewiesen, daß autographische Subskriptionen normalerweise nicht kopiert werden, wenn die Kopien für das Archiv der Briefschreiber erstellt wurden. Gehen wir einmal davon aus, daß dies auch für den Galaterbrief gilt. Dann hätte die ursprüngliche Subskription nur auf dem Brief gestanden, den Paulus nach Galatien gesandt hatte, und er hätte sie in Korinth nicht zur Verfügung. Das hieße, daß die Subskription gar nicht aus dem verschickten Original stammt, sondern – ähnlich wie Röm 16 – im Rahmen der Autorenrezension eine Abschrift des Galaterbriefes für die Epheser beglaubigen soll.

Damit wäre auch eine Erklärung für die merkwürdige Adresse des Galaterbriefes gefunden. Paulus hat das Schreiben vervielfältigen lassen und beglaubigte Kopien an verschiedene Gemeinden in Galatien versandt, deren Stadt er, wie es seine Gewohnheit bei den anderen Gemeindebriefen war, am Briefbeginn auch nannte. Als er aber eine beglaubigte Abschrift eines solchen Briefes für die Epheser anfertigen ließ, ersetzte er die konkrete Adresse durch die Formulierung »an die Gemeinden in Galatien« (Gal 1,2).[38]

DIE INTENTION DER AUTORENREZENSION DES PAULUS

Die Kollekte als Anhaltspunkt

Ich habe schon gezeigt, daß der Spendenaufruf für die Armen von Jerusalem die vier Briefe verbindet. Aber die Kollekte selbst spielt nur im 2. Korintherbrief eine zentrale Rolle. Sie kann unmöglich der einzige Grund für die Zusammenstellung dieser vier Briefe sein. Benützt man die Kollekte aber als Anhaltspunkt, so führt sie uns auf eine andere, bedeutendere Spur.

Es gibt zwei Faustregeln, wenn man versucht, die Intention einer Bearbeitung zu erkennen. Erstens, sollte man bei der Analyse der Texte beginnen, die zeitlich den Bearbeitern am nächsten stehen. Zweitens sollte man sich auf Anfang und Ende der bearbeiteten Texte konzentrieren, da erfahrungsgemäß dort die Intention der Bearbeiter am deutlichsten ausgedrückt wird. Nachdem wir nun also in der Lage sind, die vier Briefe zeitlich zueinander in Beziehung zu setzen, können wir feststellen, daß der letzte Text, den Paulus formuliert hat, das Begleitschreiben an die Epheser ist (Röm 16). Der nächst älteste Text ist der eigentliche Brief an die Römer (Röm 1-15), der vielleicht gleichzeitig mit der Subskription des Galaterbriefes verfaßt wurde. Die nächsten Texte wären die redaktionellen Teile der Korrespondenz mit den Korinthern, gefolgt von den Textpassagen aus den ursprünglichen Briefen, die das Material für den 2. Korintherbrief lieferten, und die ältesten Texte der Ausgabe sind die Abschnitte des 1.Korintherbriefes, die der ursprünglichen Korrespondenz entnommen sind.[39]

Röm 16: eine verschlüsselte Warnung vor Gegnern

Beginnen wir mit dem Begleitschreiben an die Epheser, also mit Röm 16. Der größte Teil dieses Kapitels richtet sich an Menschen, die mit Paulus in freundschaftlicher Verbindung stehen. An einer Stelle wird der freundliche Tonfall aber unterbrochen und Paulus warnt vor Leuten, die »Spaltungen und Verwirrungen verursachen« und »im Widerspruch zu der Lehre, die ihr gelernt habt« stehen (Röm 16,17). Es fallen aber keine Namen.

Röm 16,17-19
Ich ermahne euch, meine Brüder, auf die Acht zu geben, die im Widerspruch zu der Lehre, die ihr gelernt habt, Spaltung und Verwirrung verursachen: Haltet euch von ihnen fern! Denn diese Leute dienen nicht Christus, unserem Herrn, sondern ihrem Bauch, und sie verführen durch ihre schönen und gewandten Reden das Herz der

Arglosen. Doch euer Gehorsam ist allen bekannt; daher freue ich mich über euch und wünsche nur, daß ihr verständig bleibt, offen für das Gute, unzugänglich für das Böse.

Der Vorwurf des Paulus, »diese Leute dienen nicht Christus« (Röm 16, 18) verrät ohne jeden Zweifel, daß sich die angegriffenen Leute sehr wohl als Christen verstanden.

Röm 15: Angst vor Jerusalem

Wenden wir uns nun dem nächst ältesten Text zu, dem eigentlichen Brief an die Römer, Röm 1-15. Der allerletzte Satz vor dem Schlußsegen erwähnt Leute, vor denen Paulus Angst hat, Todesangst. Er bittet seine römischen Leser, daß sie zu Gott um seine Rettung beten mögen.

Röm 15,30-32
Ich bitte euch, meine Brüder, im Namen Jesu Christi, unseres Herrn, und bei der Liebe des Geistes: Steht mir bei, und betet für mich zu Gott, daß ich vor den Ungläubigen in Judäa gerettet werde, daß mein Dienst in Judäa von den Heiligen dankbar aufgenommen wird und daß ich, wenn es Gottes Wille ist, voll Freude zu euch kommen kann, um mit euch eine Zeit der Ruhe zu verbringen.

Wer sind diese »Ungläubigen in Judäa«? Wörtlich spricht Paulus hier im Griechischen von »Ungehorsamen«. Paulus benutzt dieses Wort noch vier weitere Male in seinem Brief an die Römer, um Nichtchristen zu bezeichnen (Röm 2,8; 10,21; 11,30-31). Es ist also eine nicht näher bezeichnete nichtchristliche Gruppierung in Judäa, die Paulus Sorgen macht. Das ist aber noch nicht alles: Paulus ist sich nicht einmal sicher, ob seine christlichen Brüder und Schwestern in Jerusalem, seinen »Dienst« annehmen werden; das heißt, er weiß nicht, ob sie die Spende akzeptieren wollen, die Paulus in Galatien, Mazedonien und Achaia gesammelt hat. Hier führt uns nun das Thema der Kollekte auf eine neue Fährte: Es gibt offensichtlich Verständigungsprobleme mit den »Heiligen in Jerusalem«.

In seinem Begleitschreiben an die Epheser warnt Paulus vor

Leuten, die sich selbst als Christen betrachten (Röm 16,17-19). Spricht Paulus an beiden Stellen über dieselbe Gruppe? Sind diejenigen, die »Spaltungen verursachen« (Röm 16,17) identisch mit den Heiligen in Jerusalem?

Korintherbriefe

Anhaltspunkte dafür finden sich in den Korintherbriefen. Der erste Brief handelt von Leuten, die »Spaltungen« verursachen. Und wenn Paulus Namen nennt, die diese Polarisierung verursachten, fällt auch der Name Kephas, das ist Petrus, einer der Säulen der Jerusalemer Gemeinden.

1 Kor 1,12
Ich meine damit, daß jeder von euch etwas anderes sagt: Ich halte zu Paulus – ich zu Apollos – ich zu Kephas – ich zu Christus.

Betrachtet man nun die Geschichte, die die korinthische Korrespondenz in der Bearbeitung des Paulus erzählt, so müssen wir feststellen, daß sich die Spannungen der ersten Kapitel durch die gesamte korinthischen Korrespondenz ziehen. Sie entzünden sich an so verschiedenen Punkten wie an dem Fall des unzüchtigen Mannes, an den geänderten Reiseplänen und schließlich an der Kollekte. Die Korrespondenz endet mit den letzten vier Kapiteln des 2.Korintherbriefes in einer Katastrophe. Und wen macht Paulus dafür verantwortlich? »Überapostel« (2Kor 11,5) nennt er sie, »Hebräer« und »Nachkommen Abrahams« (11,22), die »einen anderen Jesus verkündigen, als wir verkündigt haben« (11,4).

2Kor 11,13-15
Denn diese Leute sind Lügenapostel, unehrliche Arbeiter; sie tarnen sich freilich als Apostel Christi. Kein Wunder, denn auch der Satan tarnt sich als Engel des Lichts. Es ist also nicht erstaunlich, wenn sich auch seine Handlanger als Diener der Gerechtigkeit tarnen. Ihr Ende wird ihren Taten entsprechen.

Diese Beschreibungen passen nur zu gut auf die Jerusalemer Apostel und ihre Anhängerschaft. Es muß ja auch eine vernünftige Erklärung geben, warum die Korinther diesen Leuten »den anderen Jesus« glaubten. Paulus hatte Jesus nie getroffen, die Jerusalemer waren hier deutlich im Vorteil.

Galaterbrief

Lassen Sie uns die Ereignisse, die zu Spannungen mit Jerusalem geführt haben, von Paulus selbst erzählen. Der gesamte Galaterbrief handelt davon.

Die beiden Spuren, die wir bisher verfolgt haben, nämlich die »Kollekte für die Armen« und die »Heiligen in Jerusalem« werden in Verbindung mit einer Jerusalemreise des Paulus genannt. Dort war es zu Verhandlungen zwischen Paulus und den Jerusalemer Autoritäten gekommen. Der zentrale Inhalt dieser Besprechungen war allerdings nicht die Kollekte. Es ging vielmehr um die Missionsarbeit des Paulus.

Gal 2,5-10
So haben wir uns keinen Augenblick unterworfen; wir haben ihnen nicht nachgegeben, damit euch die Wahrheit des Evangeliums erhalten bleibe. Aber auch von denen, die Ansehen genießen – was sie früher waren, kümmert mich nicht, Gott schaut nicht auf die Person –, auch von den »Angesehenen« wurde mir nichts auferlegt. Im Gegenteil, sie sahen, daß mir das Evangelium für die Unbeschnittenen anvertraut ist wie dem Petrus für die Beschnittenen – denn Gott, der Petrus die Kraft zum Aposteldienst unter den Beschnittenen gegeben hat, gab sie mir zum Dienst unter den Heiden –, und sie erkannten die Gnade, die mir verliehen ist. Deshalb gab Jakobus, Kephas und Johannes, die als die »Säulen« Ansehen genießen, mir und Barnabas die Hand zum Zeichen der Gemeinschaft: Wir sollten zu den Heiden gehen, sie zu den Beschnittenen. Nur sollten wir an ihre Armen denken; und das zu tun, habe ich mich eifrig bemüht.

Lassen Sie uns noch einmal über die Namen nachdenken, die im Galaterbrief fallen. Wie wir gesehen haben, erwähnt Paulus keine galatische Stadt und kein Mitglied einer galatischen

Gemeinde. Aber er nennt die Namen der Apostel Petrus, Jakobus und Johannes, und diese sind keineswegs positiv besetzt. Paulus ist von »Jakobus, Kephas und Johannes, die als die ‚Säulen' Ansehen genießen« sichtlich wenig beeindruckt, »was sie früher waren, kümmert mich nicht, Gott schaut nicht auf die Person«. Was sollen wir damit anfangen? Wenn wir die ersten vier Paulusbriefe als eine Einheit lesen, die Paulus für seine Freunde in Ephesus zusammengestellt hat, dann ist der Galaterbrief der Ort, an dem er seine christlichen Gegner, von denen er im Römerbrief und in den Briefen an die Korinther sprach, beim Namen nennt. Auch wenn Paulus sein sorgfältig stilisiertes Schreiben an die Galater richtet, so wird der Konflikt aus Sicht des Paulus doch woanders geschürt, in Jerusalem. Paulus baut seine Verteidigung auf der Behauptung auf, daß zu einem bestimmten Zeitpunkt in der Vergangenheit die Jerusalemer ihm ganz offiziell »die Hand zum Zeichen der Gemeinschaft« gegeben hatten (Gal 2,9). Er klagt die Heiligen in Jerusalem an, diese Vereinbarung gebrochen zu haben.

Konfliktpunkte

Doch worüber streiten die beiden Parteien eigentlich? Obwohl die Jerusalemer Führer anfangs skeptisch waren, gaben sie schließlich doch ihren Segen zur Arbeit des Paulus. Aber was machte es für sie so schwer, den Dienst des Paulus anzuerkennen? Kurz nach der Erwähnung der Verhandlungen mit den Jerusalemern, berichtet Paulus von einem Vorfall, der sich in Antiochien zugetragen hat, und der dazu geführt hatte, daß er dem Petrus offen entgegentrat.

Gal 2,11-13
Als Kephas aber nach Antiochia gekommen war, bin ich ihm offen entgegengetreten, weil er sich ins Unrecht gesetzt hatte. Bevor nämlich Leute aus dem Kreis um Jakobus eintrafen, pflegte er zusammen mit den Heiden zu essen. Nach ihrer Ankunft zog er sich aber von den Heiden zurück und trennte sich von ihnen, weil er die Beschnittenen fürchtete. Ebenso unaufrichtig wie er verhielten sich die anderen Juden, so daß auch Barnabas durch ihre Heuchelei verführt wurde.

Paulus beschuldigt eine Gruppe, die er nur als »die Beschnittenen« näher qualifiziert, daß sie den Konflikt verursacht hätten. Der Ausdruck wird vom Textzusammenhang her klar negativ besetzt. Paulus bringt diese Gruppe mit Jakobus und Petrus in Verbindung. Ausdrücklich wirft er Petrus »Heuchelei« vor.
Beschneidung. Die Beschneidung ist offenbar ein wesentlicher Punkt, an dem es schwer fällt, zu einer Übereinstimmung zu kommen. Für Paulus steht es völlig außer Frage, daß sich Männer nicht beschneiden lassen müssen, wenn sie sich zu Christus bekehren. Er ist sich auch bewußt, daß es für christliche Missionare leichter wäre, mit jüdischen Gemeinschaften im Gespräch zu bleiben, wenn sich die bekehrten Nichtjuden beschneiden lassen würden. Auf diesem Weg könnte man das Christentum als innerjüdische Erneuerungsbewegung darstellen. Doch Paulus lehnt diese Taktik kategorisch ab.

Gal 5,11
Man behauptet sogar, daß ich selbst noch die Beschneidung verkündige. Warum, meine Brüder, werde ich dann verfolgt? Damit wäre ja das Ärgernis des Kreuzes beseitigt.

Christliche Identität. Verbunden mit der Frage der Beschneidung sind noch eine ganze Reihe weiterer Themen, die das jüdische Gesetz betreffen, zum Beispiel die alttestamentlichen Bestimmungen über das, was man essen darf und was nicht. Eine Mahlzeit, an der »Heiden« teilnahmen, bildete den Auslöser des Streites, den Paulus schildert. Zu diesem Zeitpunkt war es noch keineswegs deutlich, daß sich das Christentum als eigene Religionsgemeinschaft ausbilden würde. Jesus und sein Bruder Jakobus, die zwölf Jünger und der Apostel Paulus, alle waren geborene Juden. Aus der Perspektive vieler Jerusalemer Juden, war das Christentum nur eine weitere jüdische Sekte. Doch Paulus teilte diese Ansicht nicht. In seinem Brief an die Römer handelt Paulus fast ausschließlich vom Verhältnis der jüdischen Religion zum Christentum. Zum ersten Mal in der Literaturgeschichte definiert ein christlicher Theologe in Abgrenzung zum Judentum, was es bedeutet, ein Christ zu sein.
Finanzierung. Ein anderer Punkt, an dem sich die Gemüter

erhitzten, war die Art, wie Paulus seine Missionsarbeit finanzierte.[40] Während Jesus in den Evangelien darauf besteht, »Steckt nicht Gold, Silber und Kupfermünzen in euren Gürtel ... denn wer arbeitet, hat ein Recht auf seinen Unterhalt« (Mt 10,9-10), behauptet Paulus mit sichtlichem Stolz, daß er sich von den Gemeinden, die er missioniert, nicht aushalten läßt.

2 Kor 11,8-9
Andere Gemeinden habe ich ausgeplündert und Geld von ihnen genommen, um euch dienen zu können. Aber als ich zu euch kam und in Schwierigkeiten geriet, bin ich niemand zur Last gefallen; was ich zu wenig hatte, ergänzten die Brüder, die aus Mazedonien kamen. Ich habe also darauf Wert gelegt, euch in keiner Weise zur Last zu fallen, und werde auch weiterhin darauf Wert legen.

Der Konflikt ist sehr ernst. Paulus widerspricht offensichtlich den Richtlinien, die Jesus vertreten hat. Und schlimmer noch, Paulus ist sich ganz bewußt, daß er von dem Gebot Jesu abweicht, er zitiert Jesus förmlich: »So hat auch der Herr denen, die das Evangelium verkündigen, geboten, vom Evangelium zu leben« (1 Kor 9,14).

1 Kor 9,12-15a
Wenn andere an dem, was euch gehört, teilhaben dürfen, dann erst recht wir. Aber wir haben von diesem Recht keinen Gebrauch gemacht. Vielmehr ertragen wir alles, um dem Evangelium Christi kein Hindernis in den Weg zu legen. Wißt ihr nicht, daß alle, die im Heiligtum Dienst tun, vom Heiligtum leben, und daß alle, die am Altar Dienst tun, vom Altar ihren Anteil erhalten? So hat auch der Herr denen, die das Evangelium verkündigen, geboten, vom Evangelium zu leben. Ich aber habe all das nicht in Anspruch genommen.

Paulus legt das Konzept Jesu nicht als Gebot aus sondern als Vorrecht, als ein Privileg, das er für sich nicht in Anspruch nehmen möchte.[41] Versetzen Sie sich in die Lage der Korinther. Wem würden Sie die korrekte Auslegung eines Jesuswortes eher zutrauen: Paulus, der Jesus persönlich nicht gekannt hat? Oder Petrus, der jahrelang Jesus begleitet hat, und

Jakobus, der von klein auf mit seinem Bruder zusammen war? Paulus hatte sicherlich den schlechteren Stand.

Die Frage nach der Finanzierung ist existentiell. Wer kann den Vorwurf, daß man sein Geld nicht auf ehrliche Art verdient, einfach so hinnehmen? Vor allem nicht, wenn jemand schwer arbeitet und der festen Überzeugung ist, die Aufgabe zu erfüllen, für die ihn Gott bestimmt hat. Auch läßt sich die Frage nicht sachlich lösen. Die Geschichte der christlichen Mission hat immer und immer wieder bewiesen, daß das Konzept des Paulus praktischer und leichter zu organisieren ist als das Konzept Jesu, und trotzdem ist die Frage unter christlichen Missionaren bis heute nicht einheitlich gelöst.

Ich bin in Afrika als Sohn von Missionaren zur Welt gekommen. Für meinen Vater und meine Mutter war die Finanzierung ihres Dienstes und die materielle Sorge um ihre fünf Kinder mehr als ein akademischer Disput. Meine Eltern haben beide Methoden versucht: sie haben sich von denen bezahlen lassen, die sie eingeladen haben (das Konzept Jesu), sie haben Bücher geschrieben und von den Honoraren gelebt, sie haben Rundbriefe verschickt und von den Spenden gelebt, und einige Jahre lang bezogen sie von einer Missionsgesellschaft sogar ein festes Gehalt (das Konzept von Paulus). Ich glaube aber nicht, daß sie jemals das Gefühl hatten, daß sie wegen der Bezahlung arbeiteten. Ihre Zeit war von ihrem Dienst bestimmt, und für den Großteil der Arbeit, die sie taten, für Beratung und Briefseelsorge zum Beispiel, erhielten sie keinen Pfennig. Vielleicht reagiert Paulus deshalb so aggressiv. Er fühlt sich verletzt und mißverstanden. Er weiß ja, daß er Gottes Wille erfüllt.

Für Paulus ist die Ehe ein Eingeständnis an diejenigen, die »nicht enthaltsam leben können. Es ist besser zu heiraten, als sich in Begierde zu verzehren« (1Kor 7,9). Eine der wenigen Bemerkungen außerhalb des Galaterbriefes zu Petrus und wahrscheinlich auch zu Jakobus, dem Bruder Jesu, spielt auf deren Ehe an.

1Kor 9,3-6
Das aber ist meine Rechtfertigung vor denen, die abfällig über mich urteilen: Haben wir nicht das Recht, zu essen und zu trinken? Haben

wir nicht das Recht, eine gläubige Frau mitzunehmen, wie die übrigen Apostel und die Brüder des Herrn und wie Kephas? Sollen nur Barnabas und ich auf das Recht verzichten, nicht zu arbeiten?

Wenn wir nun die zitierte Einstellung des Paulus zur Ehe mit dieser Bemerkung in Beziehung setzen und außerdem im Hinterkopf behalten, daß Paulus hier von seinen Gegenspielern im Konflikt um die Galater spricht, so kann man sich des Eindrucks nicht erwehren, daß Paulus den Jakobus und Petrus als die Sorte Christen betrachtet, die aus fehlender Selbstbeherrschung »nicht enthaltsam leben« können. Wahrscheinlich wollte Paulus mit dieser spitzen Bemerkung über die Ehefrauen der Apostel kein Kompliment aussprechen. Und er wird sehr, sehr persönlich. Oder denken Sie an die Diffamierung seiner Gegner, daß sie die Beschneidung nur predigen, um sich der Verfolgung zu entziehen (Gal 5,11). Oder denken sie an den Satz, dies seien »Leute, die euch verwirren und die das Evangelium verfälschen wollen« (Gal 1,7). Es gehört nicht allzu viel Phantasie dazu, um sich klar zu machen, wie unfair sich Paulus gegenüber Petrus und Jakobus verhält, und wie schwer es gewesen sein muß, miteinander wieder ins Gespräch zu kommen.

Als Paulus seine Ausgabe des Römerbriefes, der korinthischen Korrespondenz und des Briefes an die Gemeinden in Galatien für seine Freunde in Ephesus zusammenstellte, stand er unmittelbar vor der Abreise nach Jerusalem. Er mußte sich der Auseinandersetzung stellen. Und er hatte Angst davor.

Zusammenfassung

Liest man den Römerbrief, die beiden Korintherbriefe und den Galaterbrief als eine Ausgabe ausgewählter Briefe, die Paulus für Freunde in Ephesus zusammengestellt hat, wird es möglich, Informationen, die in einem Brief fehlen, aus einem anderen zu ergänzen. Man erhält dadurch ein viel geschlosseneres Bild von den Ereignissen und darf davon ausgehen, daß diese Pauluslektüre ganz im Sinne des Autors gewesen wäre: so sollten seine Freunde in Ephesus die Texte lesen. Nicht die vielen verschiedenen Situationen der einzelnen Briefe rücken in den Mittelpunkt sondern die Botschaft des Paulus zu dem Zeitpunkt, als er die Sammlung zusammenstellte. Und plötzlich verrät der Text eine Geschichte. Die Geschichte eines Konfliktes zwischen den Vertrauten Jesu in Jerusalem und dem Diener Christi und Heidenmissionar Paulus. Mit dieser Briefsammlung liefert Paulus seinen literarischen Beitrag zu diesem Konflikt. Im Falle seines Todes sollte es sein literarisches Vermächtnis bilden.

EIN FIKTIVES BEGLEITSCHREIBEN DES PAULUS

Paulus, durch Gottes Willen berufener Apostel Christi Jesu an die Kirche Gottes in Ephesus. Gnade sei mit Euch und Friede von Gott, unserem Vater und dem Herrn Jesus Christus.

Euer Gehorsam ist allen bekannt; daher freue ich mich über euch. Ich bitte euch, meine Brüder, im Namen Jesu Christi, unseres Herrn, und bei der Liebe des Geistes: Steht mir bei und betet für mich zu Gott. Denn ich finde keine Ruhe. Überall bedrängen uns Schwierigkeiten: von außen Widerspruch und Anfeindung, im Innern Angst und Furcht. Doch ich bin zuversichtlich, der Gott des Friedens wird den Satan bald zertreten und unter eure Füße legen.

Ich habe die Wintermonate in Korinth zugebracht und sende Euch einige Abschriften von Briefen, um die Ihr mich gebeten habt. Weil ich nicht versprechen kann, ob ich euch auf meiner Reise nach Jerusalem besuchen werde, habe ich diese Zeilen geschrieben, und auch um euch die Briefe zu erläutern, die ich für Euch zusammengestellt habe. Wenn ich nicht selbst zu Euch kommen kann, wird Euch einer meiner Mitarbeiter über meine Pläne in Kenntnis setzen.

Was meine Korrepondenz mit der Gemeinde Gottes in Korinth und Achaia betrifft, so standen mir die Originale der Briefe zur Verfügung und ich konnte auch über einen Schreiber, Tertius, verfügen, solange ich in Korinth war. Nach meinen Anweisungen hat Tertius das Wesentliche der ersten drei Briefe sorgfältig abgeschrieben, die ich nach Korinth gesandt habe, als ich noch bei Euch in Ephesus war. Ich hoffe, daß Euch die Bemerkungen und Erklärungen zusagen, die ich Tertius gebeten habe, an einigen Stellen in den Text aufzunehmen. Ich hielt es nicht für nötig, anzumerken, wo der einzelne Brief endet und der nächste beginnt, denn ich war ja bei Euch, als ich sie schrieb. Die Namen der verschiedenen Briefboten habe ich aber im Text gelassen, damit Ihr Euch besser an die verschiedenen Situationen erinnert. Zeigt dieses Werk ruhig auch anderen, die daran interessiert sind. Es soll Euch an meinen Wandel in Jesus Christus erinnern, der übereinstimmt mit dem, was ich überall und in jeder meiner Gemeinden gelehrt habe. Ich hoffe, es wird euch helfen in dem Kampf, dem ihr und die galatischen Gemeinden gerade ausgesetzt seid.

Außerdem sende ich Euch zur Kenntnisnahme Abschriften meiner Korrespondenz mit den Korinthern nachdem ich aus Ephesus aufgebrochen war, insgesamt vier Briefe. Den ersten dieser Briefe habe ich aus Troas, kurz bevor ich das Schiff nach Mazedonien bestieg, geschrieben. Es ist eine Reisenotiz am Ende enthalten, so daß Ihr leicht erkennen könnt, wo der nächste Brief beginnt. Die anderen drei Briefe habe ich von Mazedonien aus nach Korinth gesandt, den ersten gleich nach unserer Ankunft, den nächsten nachdem ich endlich Titus getroffen hatte und er mir gute Nachricht aus Korinth überbrachte, den letzten nachdem Titus nach Korinth vorausgereist war und der Konflikt mit den »Überaposteln« endgültig ausbrach. Tertius hat eine zuverlässige Kopie von den Originalen gemacht und auch meine handschriftlichen Subskriptionen abgeschrieben, nur Eigennamen, Grüße und Triviales habe ich ihn gebeten wegzulassen, um Zeit und Papier zu sparen, und weil sie Euch wahrscheinlich weder interessieren noch meiner Sache förderlich sind.

Was den Ärger in Galatien betrifft, sehe ich keinen Grund, mich zu verstecken. Ich habe ähnlich einer eidesstattlichen Erklärung schriftlich festgehalten, was genau zwischen mir und den Jerusalemern vorgefallen ist und die wesentlichen Inhalte meiner Botschaft formuliert. Ihr könnt die Kopie jedem zeigen, der durch Ephesus reist. Vielleicht ist Euch die Kopie von Nutzen, wenn Ihr vor anderen für mich eintretet. Es sind schon so viele Lügen über mich in die Welt gesetzt worden von Leuten, die aus Ehrgeiz und nicht in redlicher Gesinnung sondern aus Neid und Streitsucht Christus verkünden, daß ich mir leicht vorstellen kann, daß jemand in meinem Namen einen Brief fälscht. Hebt deshalb die Kopie, die ich Euch sende, gut auf und gebt sie nicht aus der Hand, ich habe die Echtheit mit einer Subskription beglaubigt. So kann sich jeder, der das Exemplar bei Euch einsieht, vergewissern, daß es echt ist.

Ihr könnt aber gerne auch Kopien davon anfertigen und verteilen lassen. Gebt nur das Original nicht aus der Hand! Meine wirklichen Feinde aber, diese Hunde, diese falschen Lehrer, die Verschnittenen, sitzen in Jerusalem. Ich werde aber bald zu ihnen kommen und von Angesicht zu Angesicht mit Ihnen reden. Dann werde ich diese Wichtigtuer nicht auf ihre Worte prüfen, sondern auf ihre Kraft. Denn nicht in Worten erweist sich die Herrschaft Gottes, sondern in der Kraft. Doch im Moment kann ich mich ihnen noch nicht direkt stellen. Das ist auch der Grund, warum ich den Heiligen in Rom einen so ausführlichen Brief geschrieben habe statt einer kurzen Nachricht mit meinen Reiseplänen. (Das hätte ich ja auch von Jerusalem aus machen können.) In meinem Schreiben an die Römer behandle ich die wichtigsten Punkte, an denen ich mit den falschen Brüdern in Jerusalem nicht einig werden kann, vor allem die Frage nach der Einhaltung der jüdischen Gesetzesvorschriften. Und ich habe auch freimütig den Heiligen in Rom von meiner Furcht berichtet und sie gebeten, mir im Gebet beizustehen, daß ich vor den Ungläubigen in Judäa gerettet werde und daß mein Dienst in Jerusalem von den Heiligen dankbar aufgenommen wird und ich diese Reise ohne Schaden überstehe. Ich bin mir sicher, daß meine Gegner in Jerusalem eine Kopie dieses Briefes in der Hand haben werden noch bevor er in Rom angekommen ist!

Schließlich bitte ich euch, Brüder, nehmt diese Zeilen bereitwillig an; ich habe euch ja nur kurz geschrieben. Grüßt alle Heiligen. Die Gnade sei mit euch allen.[42]

Postskriptum

Liebe Leserin, Lieber Leser,

Wir haben einen langen Weg hinter uns, der uns von den ältesten erhaltenen Handschriften über charakteristische Eigenschaften der Paulusbriefe und antike Briefausgaben zur Autorenrezension der ersten vier kanonischen Paulusbriefe führte. Wir sind auf ernsthafte Streitigkeiten zwischen Paulus und der Gemeinde in Jerusalem mit ihren Leitern Petrus, Johannes und Jakobus gestoßen. Die Aussagen des Paulus sind radikal. Es besteht wenig Hoffnung auf eine friedliche Beilegung des Konfliktes.

Als spätere Herausgeber eine erweiterte Sammlung christlicher Schriften schufen und sie als »Neues Testament« bezeichneten, stellten sie neben die vierzehn Paulusbriefe die Briefe der Jerusalemer Gemeindeleiter Jakobus, Johannes und Petrus, ergänzt um den Brief des anderen Bruders Jesu, Judas. Im 2. Petrusbrief äußert sich Petrus zu seinem Kollegen Paulus und stellt völlige inhaltliche Übereinstimmung fest: »Das hat euch auch unser geliebter Bruder Paulus mit der ihm geschenkten Weisheit geschrieben« (2Petr 3,15). Die vier Evangelien erzählen die Geschichte Jesu aus der Perspektive der Jerusalemer. Die Apostelgeschichte vereint die Parteien: die erste Hälfte konzentriert sich auf die Gemeinde in Jerusalem, die zweite Hälfte berichtet vom Missionswerk des Paulus. Das Bild, das das Neue Testament seinen Lesern vermittelt, ist ein Bild der Einheit und Harmonie. Der Konflikt zwischen Paulus und Jerusalem scheint gelöst.

Seht, wie groß meine Buchstaben sind, wenn ich mit eigener Hand schreibe. Ich glaube, wir sollten nicht nur die Briefe des Paulus sondern das gesamte Neue Testament als literarische Einheit lesen. Wir würden manches besser verstehen. Die Gnade unseres Herrn Jesus Christus sei mit Ihnen allen.
    Euer David Trobisch

Anhang

Anmerkungen

1. Barbara Aland, Kurt Aland, Johannes Karavidopoulos, Carlo M. Martini, Bruce M. Metzger (Hgg.), *The Greek New Testament*, 4. revidierte Auflage (Stuttgart: Deutsche Bibelgesellschaft, 1993).
2. Die Abbildung stammt aus: Barbara und Kurt Aland, *Der Text des Neuen Testaments: Einführung in die wissenschaftlichen Ausgaben sowie in Theorie und Praxis der modernen Textkritik*, 2., ergänzte und erweiterte Auflage (Stuttgart: Deutsche Bibelgesellschaft, 1989), 22.
3. Aland, *Text des Neuen Testaments*, 91.
4. Die Abbildung ist entnommen: Bruce M. Metzger, *Manuscripts of the Greek Bible: An Introduction to Greek Palaeography*, (New York, Oxford: Oxford University Press: 1981), 105 (plate 28).
5. David Trobisch, *Die Entstehung der Paulusbriefsammlung: Studien zu den Anfängen christlicher Publizistik*, NTOA 10 (Freiburg, Schweiz: Universitätsverlag, Göttingen: Vandenhoeck, 1989).
6. Diese Seite ist in einem Zustand, der sich nur schwer photographieren läßt. Um den Befund darzustellen, wurde das Photo der Seite, die Gal 5,20-Eph 1,9 enthält, aus Heinrich Josef Vogels (Hg.), *Codicum Novi Testamenti Specimina*, (Bonn: P. Hanstein, 1929) Seite 4, eingescannt und mit dem Computer retuschiert.
7. Bernhard P. Grenfell; Arthur S. Hunt, *The Oxyrhynchus Papyri: Edited with translations and notes*, 2 (London: Oxford University Press, 1899), Nr. 246, 197–177, Abb. 7.
8. Gordon J. Bahr, »The Subscriptions in the Pauline Letters«, *JBL* 87 (1968) 27–41; 30–31.
9. Übersetzung von Helmut Kasten (Hg.), *Marcus Tullius*

Cicero: Atticus-Briefe, Lateinisch – deutsch, 3. unveränderte Auflage (München: Heimeran, 1980).
10. Übersetzung von Helmut Kasten (Hg.), *M. Tullius Cicero: An Bruder Quintus, An Brutus, Brieffragmente, dazu Q. Tullius Cicero Denkschrift über die Bewerbung,* Lateinisch – deutsch, 2. Auflage (München: Heimeran, 1976).
11. Leicht zugänglich ist die Ausgabe: *Select Papyri in Four Volumes: I, Non-literary Papyri, Private Affairs,* with an English translation by A. S. Hunt and C. C. Edgar, The Loeb Classical Library (Cambridge,Ma; London, 1970), 118, p. 315. Kommentar und Erstausgabe: Heinrich Büttner (Hg.), *Mitteilungen aus der Papyrussammlung der Giessener Universitätsbibliothek III: Griechische Privatbriefe (P. bibl. univ. Giss. 18–33),* Schriften der hessischen Hochschulen, Universität Gießen, 3 (1931), 13–14.
12. Auch zwischen Phil 3,1 und 3,2 wechselt der Tonfall sehr plötzlich von Freude und Lob zu agressiven Warnungen und handfesten Beleidigungen: »Gebt acht auf die Hunde, gebt acht auf die falschen Lehrer, gebt acht auf die Verschnittenen!« Aber seine freundliche Haltung den Briefempfängern gegenüber ändert Paulus nicht, er richtet sich hier gegen Dritte. Deshalb besteht auch keine direkte Parallele zur wechselnden Einstellung den Korinthern gegenüber im 2. Korintherbrief.
13. Um das Textbeispiel zu erzeugen, mußte ich die Satzstruktur der Einheitsübersetzung an einer Stelle ändern und die Formulierung »wie es in allen Gemeinden der Heiligen üblich ist« zum vorhergehenden Satz ziehen. Der griechische Text läßt diese Möglichkeit ohne Probleme zu, wie ja auch unsere moderne Verseinteilung zeigt, die aus dem 16. Jahrhundert stammt (Aland, *Text des Neuen Testaments,* 16).
14. Eine von vielen Christen sehr geschätzter Textabschnitt, der nicht zum ursprünglichen Bestand des Neuen Testamentes gehört, ist die Erzählung von Jesus und der Ehebrecherin (Joh 7,53-8,1), die den zum Sprichwort gewordenen Ausspruch Jesu enthält: »Wer ohne Sünde ist, werfe den ersten Stein«. Diese Geschichte fehlt sowohl im Codex Sinaiticus (ℵ 01) als auch im Codex Vaticanus (B 03), den

beiden ältesten griechischen Bibelhandschriften. Die entscheidenden Seiten des Codex Alexandrinus (A 02) und des Codex Ephraemi Rescriptus (C 04) sind zwar nicht mehr enthalten, aber Berechnungen der ausgefallenen Textlänge zeigen, daß auch diese Handschriften die Perikope nicht enthielten. Sie wurde erst zu einem späteren Zeitpunkt ergänzt. Die Handschriften der Byzantinische Rezension bieten die Erzählung an insgesamt fünf alternativen Stellen: nach Joh 7,52, Joh 7,36, Joh 21,25, Lk 21,38 oder Lk 24,53. – Die drei Codices Claromontanus (D 06), Augiensis (F 010) und Boernerianus (G 012) neigen zu Umstellungen, die den Text flüssiger lesbar machen. So werden in Röm 16 die Verse 20b hinter V.24, V.5a hinter V.3 und V.16b hinter V.21 gestellt, wobei sich jedesmal die Lesbarkeit verbessert.

15. Die Reproduktion stammt aus *The Chester Beatty Biblical Papyri: Descriptions and Texts of Twelve Manuscripts on Papyrus of the Greek Bible*. Edited by Frederic G. Kenyon. Fasciculus III supplement, Pauline Epistles (London: Walker, 1936/37).

16. Eine knappe Darstellung der Beobachtungen und Argumentationsstrukturen findet sich bei Werner Georg Kümmel, *Einleitung in das Neue Testament*, 21., durchgesehene und erweiterte Auflage (Heidelberg: Quelle & Meyer, 1983), § 24, 3.

17. Die Übersetzung ist entnommen aus: William R. Schoedel, *Die Briefe des Ignatius von Antiochien: Ein Kommentar, Hermeneia-Kommentar*. Aus dem amerikanischen Englisch übersetzt von Gisela Koester (München: Kaiser, 1990), 385–386.

18. Römerbrief: »Gesand von Corintho / durch Pheben / die am Dienst war der gemeine zu Kenchrea«; 1. Korintherbrief: »Gesand von Philippen / durch Stephanum vnd Fortunatum / vnd Achaicum vnd Timotheum«; 2. Korintherbrief: »Gesand von Philippen in Macedonia / Durch Titum vnd Lucam«; Galaterbrief: »Gesand von Rom«. Zitiert nach den Unterschriften der einzelnen Briefe in: D. Martin Luther: *Biblia; Das ist die gantze Heilige Schrifft Deudsch auffs new zugericht* (Wittenberg 1545), hg. V. Hans

Volz, Band 3 (München: Deutscher Taschenbuch Verlag, 1974).
19. Euseb von Cäsarea, *Historia ecclesiae* 6,14,2.
20. Übersetzung zitiert aus: Heinrich Kraft (Hg.), *Eusebius von Caesarea: Kirchengeschichte*, Herausgegeben und eingeleitet von Heinrich Kraft, die Übersetzung von Philipp Haeuser (Kempten 1932) wurde neu durchgesehen von Hans Armin Gärtner, 2. Auflage (München: Kösel, 1981), 300.
21. Vgl. Klaus Berger, »Apostelbrief und apostolische Rede: Zum Formular frühchristlicher Briefe« *ZNW*, 65 (1974), 190–231.
22. Jeffrey H. Loria. *What's it All About, Charlie Brown? Peanuts Kids Look at America Today* (Greenwich, Conn.: Fawcett Publications, 1968).
23. Die Zahlenangaben beruhen auf den Computerdateien von: *The Greek New Testament*. K. Aland, M. Black, C. M. Martini, B. M. Metzger, A. Wikgren (ed.). 2nd edition (Stuttgart: Württemberg. Bibelanstalt, 1968) as provided on computerdisk by: *Facility for Computer Analysis of Texts* at the University of Pennsylvania, Philadelphia, Version 0.1 (4/24/86 rak). Die Leerfelder wurden bei der Zähung unterdrückt, um die *scriptio continua* der ältesten Handschriften nachzubilden, die *nomina sacra* wurden aber nicht berücksichtigt.
24. Für mich unerwartet ergab sich durch diese Analyse eine Bestätigung der Theorie des amerikanischen Neutestamentlers Edgar J. Goodspeed. Er hatte die Existenz einer alten Paulusbriefsammlung erschlossen, die mit dem Epheserbrief eingeleitet wurde. Sein Hauptargument beruhte auf dem Einleitungscharakter des Epheserbriefes: »Out of 616 short phrases into which Ephesians may be conveniently broken for detailed comparison with the Pauline letters, 550 have unmistakable parallels in Paul, in words or substance« (*The Meaning of Ephesians*, 9). Die größte Schwierigkeit dieser Theorie, die bei englischsprachigen Exegeten weite Akzeptanz erfuhr aber in Deutschland kaum rezipiert wurde, besteht darin, daß es keinerlei handschriftliche Grundlage für eine Ausgabe von neun Briefen (ohne Hebräerbrief und Pastoralbriefe) gibt, die vom Epheserbrief eingeleitet wurde. Wenn aber meine Analyse zutrifft, so fungierte der Epheser-

brief als Einleitung zur erweiterten Ausgabe der dreizehn Paulusbriefe, da er den ersten Brief des Anhanges bildet. Vgl. Edgar J. Goodspeed, *The Formation of the New Testament*, (Chicago: University of Chicago Press, 1926; 2. Auflage 1927); *The Meaning of Ephesians*, (Chicago: University of Chicago Press, 1933); *New Chapters in New Testament Study*, (New York: Macmillan, 1937); *An Introduction to the New Testament*, (Chicago, London: University of Chicago Press, 1937; 15. Auflage 1963); »Ephesians and the First Edition of Paul«, *JBL* 70 (1951) 285–291; »The Editio Princeps of Paul«, *JBL* 64 (1945) 193–204; John Knox, *Philemon Among the Letters of Paul: A New View of Its Place and Importance*, (Chicago: University of Chicago Press, 1935). Eine Zusammenfassung der Theorie und eine Standortbestimmung in Bezug auf ältere Vorschläge bietet C. Leslie Mitton, *The Formation of the Pauline Corpus of Letters*, (London: Epworth Press, 1955). Die ausführlichste Aufarbeitung exegetischer Lösungsvorschläge zur Entstehung des Corpus Paulinum, die ich kenne, wurde vorgelegt von Eugene Harrison Lovering, *The Collection, Redaction, and Early Circulation of the Corpus Paulinum*, (Diss. Southern Methodist University: UMI, Ann Arbor, 1988).

25. Der lateinische Text lautet: »*Mearum epistularum nulla est* συναγωγή*; sed habet Tiro instar septuaginta; et quidem sunt a te quaedam sumendae. eas ego oportet perspiciam, corrigam; tum denique edidentur.*« Zitiert nach: *Marcus Tullius Cicero, Atticus-Briefe*, Helmut Kasten (Hg.), 3. Auflage (München: Heimeran, 1980), 1052.
26. Vgl. Karl Büchner, »M. Tullius Cicero: Briefe«, *PRE*, 2.13 (1939), 1192–1235.
27. Nepos lebte im ersten Jahrhundert vor Christus (gestorben nach 27). Er beschreibt seinen Besuch in *Atticus* 25,16.
28. Vgl. Ralph Hennings, *Der Briefwechsel zwischen Augustinus und Hieronymus und ihr Streit um den Kanon des Alten Testaments und die Auslegung von Gal. 2,11-14*, Supplements to Vigiliae Christianae, 21 (Leiden u. a.: Brill, 1994), 29–32.
29. Karl Büchner, »M. Tullius Cicero: Briefe«, *PRE*, 2.13 (1939), 1224–1225.
30. Die redaktionellen Änderungen, die die Autoren bei der

Erstellung einer zweiten Auflage vornahmen, sind wahrscheinlich die größte Hilfe bei der Interpretation von Änderungen im Zusammenhang einer Autorenrezension. Umfangreiches Material zusammengetragen hat Hilarius Emonds, *Zweite Auflage im Altertum: Kulturgeschichtliche Studien zur Überlieferung der antiken Literatur* (Leipzig: Harrasowitz, 1941). Das Beispiel des Hieronymus ist S. 48 entnommen.
31. Zur philologischen Analyse der Textstelle siehe Niels Hyldahl, »Die Frage nach der literarischen Einheit des 2. Korintherbriefes«, *ZNW* 64 (1973) 289–306.
32. Ausführliche Untersuchung zum paulinischen Briefschluß und zu Röm 16 bei Harry Gamble Jr., *The Textual History of the Letter to the Romans: A Study in Textual and Literary Criticism*, StD 42 (Grand Rapids: Eerdmans, 1977).
33. Eine Liste griechischer Papyrusbriefe bietet Chan-Hie Kim, »Index of Greek Papyrus Letters«, *Studies in Ancient Letter Writing, Semeia*, 22 (1982), 102–112. Forschungsüberblick und umfangreiche Bibliographie: Klaus Berger, »Hellenistische Gattungen im Neuen Testament«, *Aufstieg und Niedergang der römischen Welt*, 25.2 (Berlin, New York: De Gruyter, 1984), 1326–1340. Wichtige Untersuchungen zur Form der Paulusbriefe: P. Schubert, *Form and Function of the Pauline Thanksgivings*, BZNW, 20 (Berlin: Töpelmann, 1939); G. A. Eschlimann, »La rédaction des épîtres pauliniennes«, *RB* 53 (1946) 185–196; J. T. Sanders, »The Transition from Opening Epistolary Thanksgiving to Body in the Letters of the Pauline Corpus«, *JBL* 81 (1962) 348–362; T. Y. Mullins, »Disclosure: A Literary Form in the New Testament«, *NT* 7 (1964/65) 44–50; G. J. Bahr, »Paul and Letter Writing in the Fifth (sic! richtig: First) Century«, *CBQ* 18 (1966) 465–477; R. W. Funk, »The Apostolic *Parousia*: Form and Significance«, *Christian History and Interpretation: Studies presented to John Knox*, edited by W. R. Farmer, C. F. D. Moule, R. R. Niebuhr (Cambridge: University Press, 1967), 249–268; G. J. Bahr, »The Subscriptions in the Pauline Letters«, *JBL* 87 (1968) 27–41; Carl J. Bjerkelund, *Parakalô: Form, Funktion und Sinn der parakalô-Sätze in den paulinischen Briefen*, BTN,

1 (Oslo, Bergen, Tromsö: Universitätsverlag, 1967); J. L. White, »Introductory Formulae in the Body of the Pauline Letter«, *JBL* 90 (1971) 91–97; J. L. White, K. A. Kensinger, »Categories of Greek Papyrus Letters«, *Society of Biblical Literature 1976 Seminar Papers*, 10, ed. George MacRae (Missoula: Scholar Press, 1976), 79–91.

34. Weitere Beispiele aus den Briefen des Ignatius: *IgnRöm* 8,3; 10,3. Beides Mal bezieht sich Ignatius auf den Brief, den er gerade beschließt.

35. Meist wird 2Kor 7,5 als Neueinsatz interpretiert. Diese Sicht setzt voraus, daß im ursprünglichen Brief 2Kor 7,5 direkt auf 2Kor 2,12-13 folgte. Der eingeschlossene Text, 2Kor 2,14-7,4 wird als späterer Einschub gedeutet. Betrachtet man aber 7,4 ohne diese Voraussetzung, so muß man feststellen, daß 7,4 syntaktisch nicht mit dem vorhergehenden Text verbunden ist, dagegen aber nicht weniger als vier Stichwortverbindungen zum folgenden Text aufweist: καύχησις in 7,14; παράκλησις in 7,6.7.13; χαρά in 7,7.9.13.16 und θλίψις in 7,5. Sowohl syntaktisch (καί γάρ) als auch inhaltlich schließt 7,5 ausgezeichnet an 7,4 an. Auch der Wechsel in der Bewertung der Korinther findet zwischen 7,2-3 und 7,4 statt.

36. Eine alternative Deutung wäre, daß dieser Abschnitt von Paulus bei der Überarbeitung formuliert wurde und den Lesern den Punkt anzeigen soll, an dem der erste Brief endet und Paulus von Asien nach Europa aufbricht. Die Reiseangaben haben auch sonst in den Korintherbriefen gliedernde Funktion. Auffällig sind die ähnlichen Formulierungen in 2Kor 7,5, wo Paulus die Ankunft in Mazedonien beschreibt. Versteht man 2Kor 2,12-13 als späteren Einschub, so ist dieser in Anlehnung an 2Kor 7,5 und 1Kor 16,9 (die offene Tür) formuliert und nicht umgekehrt.

37. Hans Dieter Betz, *Der Galaterbrief* (München: Kaiser, 1988).

38. Auch die autographische Subskription 1Kor 16,21-24 und das Ende des 2. Korintherbriefes 2Kor 13,13 halte ich für einen Beglaubigungsvermerk, den Paulus der Kopie hinzugefügt hat.

39. Wann und wo Paulus den Galaterbrief verfaßt hat, kann ich auf diesem Weg nicht klären. Die Deutung als beglaubigte Kopie für die Epheser legt nahe, die Entstehung nach seiner Abreise aus Ephesus und vor der Abfassung von Röm 16 anzusetzen.
40. Vgl. Gerd Theißen, »Legitimation und Lebensunterhalt: Ein Beitrag zur Soziologie urchristlicher Missionare« *Studien zur Soziologie des Urchristentums*, 3., erweiterte Auflage, WUNT 19 (Tübingen: Mohr, 1989) 201–230 = *NTS* 21 (1974–1975) 192–221.
41. 1Kor 9 widmet Paulus der Legitimation seiner Finanzierung. Das Kapitel bildet einer jener unerwarteten Exkurse. Läßt man den Abschnitt weg, so liest sich der Text viel harmonischer. Das Thema ist sehr lose mit dem umgebenden Text verbunden. So wie das Lob der Liebe in 1Kor 13 verstehe ich 1Kor 9 als einen Zusatz, den Paulus bei der Erstellung seiner Autorenrezension für die Epheser eingefügt hat.
42. Dieser erfundene Brief ist aus Motiven zusammengesetzt, die ich folgenden Textstellen entnommen habe: 1Kor 1,1-3; Röm 16,19; Röm 15,30; 2Kor 7,5; Röm 16,20; Phil 1,15.17; 2Thess 2,2; Phil 3,2; 1Kor 4,19; Röm 15,30-32; Hb 13,22-25.

WEITERFÜHRENDE LITERATUR

Falls Sie sich intensiver mit antiken Briefen beschäftigen wollen, empfehle ich Ihnen die Lektüre von Briefsammlungen, die im Altertum bereits veröffentlicht vorlagen. Leicht zugänglich und umfangreich erhalten sind die mehrfach erwähnten Sammlungen der Briefe Ciceros (106-43 v. Chr.) und Plinius des Jüngeren (ca. 61-112).

Kasten, Helmut (Hg.), *Gaius Plinius Caecilius Secundus: Briefe.* Lateinisch und deutsch, 6. Auflage (München: Artemis, 1990).

Sangmeister, Ursula (Hg.), *Cicero, Marcus Tullius: Epistulae ad Quintum fratrem. Briefe an den Bruder Quintus.* Lateinisch und deutsch (Ditzingen: Reclam, 1993).

Kasten, Helmut (Hg.), *M. Tullius Cicero: An Bruder Quintus, An Brutus, Brieffragmente, dazu Q. Tullius Cicero Denkschrift über die Bewerbung.* Lateinisch und deutsch, 2. Auflage (München: Heimeran, 1976).

Kasten, Helmut (Hg.), *Marcus Tullius Cicero, An seine Freunde.* Lateinisch und deutsch, 4. Auflage (München: Artemis, 1989).

Kasten, Helmut (Hg.), *Marcus Tullius Cicero, Atticus-Briefe.* Lateinisch und deutsch, 4. Auflage (München: Artemis, 1990).

Das Bild, das von diesen Ausgaben vermittelt wird, sollte man nach zwei Richtungen verfeinern: durch die Lektüre von Briefsammlungen, die vor der Publikation so stark überarbeitet wurden, daß sie als eigenständige literarische Leistung betrachtet werden müssen, und durch die Lektüre von Briefen, die nicht für eine Veröffentlichung bestimmt waren und die im Original bis zum heutigen Tag erhalten geblieben sind. Denn irgendwo zwischen diesen beiden Polen ist die Paulusbriefsammlung formgeschichtlich einzuordnen.

Zur ersten Gruppe gehören Werke der römischen Dichter Horaz (65 - 8 v. Chr.) und Ovid (43 v. Chr.-18 n. Chr.) und des Zeitgenossen von Paulus, Seneca (4 - 65). Aber auch Briefe, die von späteren Herausgebern bearbeitet und herausgegeben, ja vielleicht sogar erst für die Sammlung geschaffen wurden, sind in diesem Zusammenhang aufschlußreich. Dazu gehören beispielsweise die Briefe des Philosophen Platon und der Briefwechsel zwischen Seneca und dem Apostel Paulus.

Kytzler, Bernhard (Hg.), *Horaz (Quintus Horatius Flaccus): Briefe. Epistulae.* Lateinisch - Deutsch. (Ditzingen: Reclam, 1986).

Holzberg, Niklas; Wilhelm Willige. *Ovid: Briefe aus der Verbannung. Tristia. Epistulae ex ponto.* Lateinisch und deutsch.; Eingel. u. erl. v. Holzberg, Niklas.; Übertr. v. Willige, Wilhelm (München: Artemis, 1990).

Seneca: Briefe an Lucilius über Ethik. Lateinisch/deutsch. Erscheint seit 1977 bei Reclam (Ditzingen).

Platon: *Sämtliche Werke X. Briefe. Unechtes. Alkibiades II. Hipparchos. Amatores. Theages. Kleitophon. Minos. Epinomis. Briefe. Definitionen. Appendix Platonica.* Griechisch und deutsch. (Frankfurt am Main: Insel, 1991).

Neumann, Willy (Hg.), *Platon: Briefe, Griechisch-Deutsch.* Bearbeitet von Julia Kerschensteiner (München, 1967).

Weinstock, Heinrich (Hg.), *Platon: Die Briefe.* Übersetzt und eingeleitet von Heinrich Weinstock, Kröners Taschenbuchausgabe, Bd. 203 (Stuttgart: Kröner, 1954).

Howald, Ernst (Hg.), *Die echten Briefe Platons: Griechisch und deutsch.* Übertragen und eingeleitet von Ernst Howald, Die Bibliothek der Alten Welt, Hg. Karl Hoenn (München: Artemis, 1951).

Seneca und Paulus: Hennecke, E.; Wilhelm Schneemelcher (Hgg.), *Neutestamentliche Apokryphen in deutscher Übersetzung.* 4. Auflage, 2. Band, (Tübingen: Mohr, 1969).

Ein wissenschaftliches Verzeichnis der Ausgaben von Papyrusbriefen hat Chan-Hie Kim zusammengestellt. Eine zweisprachige Auswahl von Briefen bieten die Sammlungen von J. Hengstl und C. C. Edgar / A. S. Hunt (englisch). Die Textsammlung von Ch. K. Barrett weist fünf Briefe in deutscher Übersetzung auf.

Kim, Chan-Hie, "Index of Greek Papyrus Letters". *Studies in Ancient Letter Writing*, Semeia, 22 (1982) 102-112.
Hengstl, J. (Hg.), *Griechische Papyri aus Ägypten als Zeugnisse des öffentlichen und privaten Lebens: griechisch-deutsch*. (München: Heimeran, 1978).
Edgar, C. C.; A. S. Hunt, *Select Papyri. Vol. 1: Non-Literary Papyri, Private Affairs*. With an English translation (London: Heinemann; Cambridge, MA: Harvard University Press, 1970), 268-395.
Barrett, Charles Kingsley (Hg.), *Texte zur Umwelt des Neuen Testaments*. 2. erweiterte deutsche Ausgabe, hg. von Claus-Jürgen Thornton (Tübingen: Mohr, 1991) UTB 1591, 29-33.

Ein ausgezeichnetes Hilfsmittel zum Selbststudium sind die griechischen Brieftexte, die G. Daum für den Schulunterricht aufbereitet hat. Neben den sprachlichen Erläuterungen enthält die Ausgabe auch eine knappe Einführung in Sprache, Stil, Form, Datumsangaben, Verfasserfragen und Beförderung von Papyrusbriefen. Ausführlichere Einleitungen mit vielen Textbeispielen liegen in englischer Sprache in den beiden Kompendien von J. White und M. L. Stirewalt vor. Die relevanten Passagen aus den Büchern, die in der Antike zum Briefschreiben anleiten sollten (sogenannte Briefsteller), hat A. J. Malherbe gesammelt und herausgeben.

Daum, Götz (Hg.), *Griechische Papyrus-Briefe aus einem Jahrtausend antiker Kultur*. (Paderborn: Schöningh, 1959).
Stirewalt, M. Luther, *Studies in Ancient Greek Epistolography*, SBL Resources for Biblical Study 27 (Atlanta: Scholars Press, 1993).
White, John L., *Light from Ancient Letters*. (Philadelphia: Fortress Press, 1986).
Malherbe, Abraham J., *Ancient Epistolary Theorists*, SBL Sources for Biblical Study, 19 (Atlanta: Scholars Press, 1988).

Zur Vertiefung empfehle ich, sich mit Sammlungen zu beschäftigen, deren komplizierte Überlieferung wissenschaftlich analysiert wurde. Dazu gehören aus dem christlichen Bereich die

Briefe des Ignatius von Antiochien, des Cyprian von Karthago, und der Briefwechsel zwischen Hieronymus und Augustin.

Fischer, Joseph A. (Hg.), *Die Apostolischen Väter: Griechisch und deutsch*. Eingeleitet, herausgegeben, übertragen und erläutert (Darmstadt: Wissenschaftliche Buchgesellschaft, 1956).

Paulsen, Henning (Hg.), *Die Briefe des Ignatius von Antiochia und der Brief des Polykarp von Smyrna*. HNT, 18 (Tübingen: Mohr, 1985); 2., neubearbeitete Auflage der Auslegung von Walter Bauer.

Schoedel, William R., *Die Briefe des Ignatius von Antiochien: Ein Kommentar*. Hermeneia-Kommentar. Aus dem amerikanischen Englisch übersetzt von Gisela Koester (München: Kaiser, 1990).

Soden, Hans von, *Die Cyprianische Briefsammlung: Geschichte ihrer Entstehung und Überlieferung*. TU, 25,3 (Neue Folge 10. Bd, 3. Heft) (Leipzig: Hinrichs, 1904).

Gülzow, Henneke, *Cyprian und Novatian: Der Briefwechsel zwischen den Gemeinden in Rom und Karthago zur Zeit der Verfolgung des Kaisers Decius*. BHTh, 48 (Tübingen: Mohr, 1975).

Hennings, Ralph, *Der Briefwechsel zwischen Augustinus und Hieronymus und ihr Streit um den Kanon des Alten Testaments und die Auslegung von Gal. 2,11-14*. Supplements to Vigiliae Christianae, 21 (Leiden u. a.: Brill, 1994).

Kloeters, Gert, *Buch und Schrift bei Hieronymus*. Diss. phil. Münster 1957.

DIE HANDSCHRIFTEN DER PAULUSBRIEFSAMMLUNG

Die sieben Handschriften, die die Grundlage der Textüberlieferung der Paulusbriefsammlung darstellen, liegen alle in Editionen vor. Zu den Ausgaben des Codex Sinaiticus (01) und Codex Alexandrinus (A 01) ist die detaillierte Untersuchung von H. J. M Milne und T. C. Skeat, die die Handschriftenabteilung des British Museum betreuten, maßgebend und führt gut in die spezifischen Probleme dieser beiden Handschriften ein. Die knappe lateinische Einleitung von C. Martini zur photographischen Ausgabe des Codex Vaticanus (B 03) faßt die wichtigsten Informationen prägnant zusammen. Die von C. Tischendorf besorgte Ausgabe des Codex Ephraemi Rescriptus (C 04) besteht wegen der schlechten Lesbarkeit des Palimpsestes aus einer Transkription des Textes.

Lake, Helen; Kirsopp Lake (Hg.), *Codex sinaiticus petropolitanus: The New Testament, the Epistle of Barnabas and the Sheperd of Hermas.* (Oxford, 1911).
British Museum, *The Codex Alexandrinus in Reduced Photographic Facsimile.* (London: Oxford University Press u.a., 1915).
Milne, H. J. M.; T. C. Skeat, *Scribes and Correctors of the Codex Sinaiticus.* (Oxford: University Press, 1938).
Martini, Carolus M., *Novum Testamentum e Codice Vaticano Graeco 1209.* Tertia viae phototypice expressum, Vorwort von C. M. Martini (Vatikan, 1968).
Tischendorf, C., *Codex Ephraemi Syri rescriptus sive fragmenta utriusque testamenti e cod. Graeco Parisiensi V. ut videtur p. Chr. seculi.* Ed. C.Tischendorf (Leipzig, 1843-1845).

Zu der Handschriftengruppe, die aus den Codices Claromontanus (D 06), Augiensis (F 010) und Boernerianus (G 012) besteht, habe ich neben den alten Ausgaben von C. Tischendorf, F. H. Scrivener und A. Reichardt vor allem die Untersuchungen von H. J. Frede als äußerst hilfreich empfunden. Dort ist auch weiterführende, ältere Literatur aufgeführt.

Tischendorf, C., *Codex Claromontanus sive epistulae Pauli omnes Graece et Latine ex cod. Parisiens.* ed. Const. de Tischendorf (Leipzig, 1852).
Scrivener, Frederick Henry (Hg.), *An Exact Transcript of the Codex Augiensis, a Graeco-Latin Manuscript of S.Paul's Epistles Depos. in the Library of Trinity College, Cambridge.* Ed. by Frederick Henry Scrivener (Cambridge, 1859).
Reichardt, Alexander (Hg.), *Der Codex Boernerianus der Briefe*

des Apostels Paulus (Msc. Dresd. A145=b). Mit Vorwort von Alexander Reichardt (Leipzig, 1909).
Frede, H. J., *Altlateinische Paulus-Handschriften. Vetus Latina: Die Reste der altlateinischen Bibel*. Nach Petrus Sabatier, neu gesammelt und herausgegeben von der Erzabtei Beuron, Aus der Geschichte der lateinischen Bibel, 4 (Freiburg: Herder, 1964).

Eine ausgezeichnete, photographische Reproduktion des Papyrus 46 liegt in der zweibändigen Ausgabe von F. G. Kenyon vor, deren erster Band neben einer Transkription und einem kritischen Apparat eine knappe englische Einleitung in die Besonderheiten dieses ältesten Papyruskodex der Paulusbriefe enthält. Grundlegend für den Textwert der einzelnen Paulushandschriften ist die Untersuchung von G. Zuntz.

Kenyon, F. G. (Hg.), *The Chester Beatty Biblical Papyri, Descriptions and Texts of Twelve Manuscripts on Papyrus of the Greek Bible, Fasciculus III: Supplement, Pauline Epistles and Revelations* (Text and Plates). (London: Emery Walker Lim., 1936).
Zuntz, G., *The Text of the Epistles: A Disquisition Upon the Corpus Paulinum*. The Schweich Lectures of the British Academy (1946) (London: Oxford University Press, 1953).

Bildbände und allgemeine Hilfsmittel

Wer sich nur einen Eindruck von Bibelhandschriften verschaffen möchte, sei auf die Bildbände von B. M. Metzger für die Majuskeln und W. H. P. Hatch für Minuskelhandschriften der Bibel verwiesen. Beide Werke enthalten auch detaillierte Informationen zur Paläographie griechischer Handschriften, die man andernorts oft vergeblich sucht.

Metzger, Bruce M., *Manuscripts of the Greek Bible: An Introduction to Greek Palaeography*. (New York, Oxford: Oxford University Press: 1981).
Hatch, William H. P., *Facsimiles and Descriptions of Minuscule Manuscripts of the New Testament* (Cambridge, MA, 1951).

Unbestrittenes Standardwerk zur Textüberlieferung des Neuen Testamentes ist »*Der Text des Neuen Testaments*« von Barbara und Kurt Aland. Durch ihr Bemühen, die Daten der einzelnen Handschriften möglichst umfassend aufzulisten, ist es allerdings nicht so gut lesbar wie das gleichnamige Werk von B. M. Metzger, der in ansprechender Form wesentlich mehr Hintergrundinformation zu ausgewählten Handschriften, aber auch allgemein zu Herstellung und Verbreitung von Büchern in Antike und Mittelalter und zur Geschichte der Erforschung der neutestamentlichen Textüberlieferung bietet.

Aland, Kurt; Barbara Aland, *Der Text des Neuen Testaments: Einführung in die wissenschaftlichen Ausgaben sowie in Theorie und Praxis der modernen Textkritik*. 2., ergänzte und erweiterte Auflage (Stuttgart: Deutsche Bibelgesellschaft, 1989). Metzger, Bruce M., *Der Text des Neuen Testaments: Eine Einführung in die neutestamentliche Textkritik*. (Stuttgart, Berlin, Köln, Mainz: Kohlhammer, 1966); englisch ist das Buch 1992 in der 3. Auflage erschienen.

REGISTER

Bibelstellen

Mt 10,9-10   133

Lk 1,1-4   75
Lk 21,38   143
Lk 24,53   143

Joh 7,36   143
Joh 7,52   143
Joh 7,53-8,1   142
Joh 21,25   143

1Petr 5,12   112

2Petr 3,15   139

Röm 1-15   105; 106; 108; 127; 128
Röm 1,10.13   99
Röm 2,8   128
Röm 5,17   31
Röm 10,21   128
Röm 11,30-31   128
Röm 15   128
Röm 15,15   112; 117
Röm 15,22-25.28.32   99
Röm 15,25-26   35
Röm 15,26   35; 102; 103
Röm 15,30   148
Röm 15,30-32   128; 148
Röm 15,33   106
Röm 16   89; 91; 94; 104; 105; 106; 110; 126; 127; 146–148
Röm 16,1   105

Röm 16,1-16a   89
Röm 16,1-2   100
Röm 16,3.5a   143
Röm 16,3   106
Röm 16,5   106
Röm 16,5b   106
Röm 16,15   54
Röm 16,16b.21   143
Röm 16,16b-23   89
Röm 16,19   148
Röm 16,20   148
Röm 16,20b.24   143
Röm 16,17   127; 129
Röm 16,17-19   127–129
Röm 16,18   128
Röm 16,20b   106
Röm 16,22   47; 104
Röm 16,23   111

1Kor 1,1   90
1Kor 1,2   35
1Kor 1,1-3   148
1Kor 1,10-4,21   110
1Kor 1,11   90; 91; 110
1Kor 1,12   90; 129
1Kor 1,14   90; 110
1Kor 1,14-16   91
1Kor 1,16   90
1Kor 1,17   91
1Kor 2,9   118
1Kor 2,16   12
1Kor 3,22   90
1Kor 3,4.5.6.22   90
1Kor 4,6   90
1Kor 4,16-17   110
1Kor 4,17   90; 93

156

1 Kor 4,18.21 94
1 Kor 4,18-21 95
1 Kor 4,19 97; 148
1 Kor 4,20 99
1 Kor 5 116
1 Kor 5,1 111
1 Kor 5,1-6,11 111
1 Kor 5,4-5 111
1 Kor 5,9 57
1 Kor 5,9-11 111; 112; 113
1 Kor 6,12 114
1 Kor 6,12-14 114
1 Kor 6,12-16,21 115
1 Kor 6,12-16,24 113
1 Kor 6,12-20 113
1 Kor 6,13 114
1 Kor 7 114
1 Kor 7,1 56; 113; 114
1 Kor 7,9 134
1 Kor 7,25 114
1 Kor 8,1 114
1 Kor 9 147; 148
1 Kor 9,3-6 134
1 Kor 9,5 90
1 Kor 9,6 90
1 Kor 9,12-15a 133
1 Kor 9,14 133
1 Kor 10,23 114
1 Kor 11,5 65
1 Kor 12 61
1 Kor 12,1 114
1 Kor 12,27-31a 14,1b-3 60
1 Kor 12,31b-14,1a 59
1 Kor 13 60; 108; 148
1 Kor 14,33 62
1 Kor 14,34-35 61
1 Kor 14,34ff. 63
1 Kor 14,40 62

1 Kor 15 114
1 Kor 15,5 90
1 Kor 15,7 90
1 Kor 16 94; 97; 106
1 Kor 16,1 102; 114
1 Kor 16,1-2 102; 123
1 Kor 16,1-4 35
1 Kor 16,5-6 54
1 Kor 16,5-9 95
1 Kor 16,8 116
1 Kor 16,9 147
1 Kor 16,10 90
1 Kor 16,10-11 115
1 Kor 16,12 90
1 Kor 16,15.17 90
1 Kor 16,17 90
1 Kor 16,19 90
1 Kor 16,17 90; 115
1 Kor 16,19 106
1 Kor 16,19-21 89
1 Kor 16,21-24 147

2 Kor 1,1 35; 92; 102
2 Kor 1,3-2,11 116; 119
2 Kor 1,8 96
2 Kor 1,15-17 98
2 Kor 1,18 98
2 Kor 1,19 92
2 Kor 2,1 117
2 Kor 2,3 118
2 Kor 2,2-4 116
2 Kor 2,2-4; 5-8 121
2 Kor 2,2-8 118
2 Kor 2,4 57
2 Kor 2,5-8 117
2 Kor 2,6 121
2 Kor 2,9 118
2 Kor 2,12-13 96; 116; 118; 119; 147

2 Kor 2,13 92
2 Kor 2,14 116; 119
2 Kor 2,14-7,3 119
2 Kor 2,14-7,4 147
2 Kor 2,25-30 93
2 Kor 3,1 119
2 Kor 4,13-12,6 20
2 Kor 5,12 120
2 Kor 6,11-13 120
2 Kor 7 121
2 Kor 7,2-3 120; 147
2 Kor 7,4 58; 116; 120; 147
2 Kor 7,4-9,15 120
2 Kor 7,5 119; 147-148
2 Kor 7,5-13 96
2 Kor 7,6.13.14 92
2 Kor 7,6.7.13 147
2 Kor 7,7 118
2 Kor 7,7.9.13.16 147
2 Kor 7,8 57
2 Kor 7,8a 121
2 Kor 7,8a.11.12 121
2 Kor 7,8-11 121
2 Kor 7,14 147
2 Kor 8 123
2 Kor 8,6 102
2 Kor 8,6.16-18 97
2 Kor 8,7 58
2 Kor 8-9 103
2 Kor 8,16-19 92
2 Kor 9,1 103; 122
2 Kor 9,1-2a 122
2 Kor 9,2-5 122
2 Kor 9,5 121
2 Kor 8,6.16.23 92
2 Kor 10 123
2 Kor 10,1 116; 123
2 Kor 10,1-13,14 123

2 Kor 10,9-10 123
2 Kor 10,10 57
2 Kor 11,3 58
2 Kor 11,4 129
2 Kor 11,5 129
2 Kor 11,6 70
2 Kor 11,8-9 133
2 Kor 11,13-15 129
2 Kor 11,22 129
2 Kor 11,32 92
2 Kor 12,14 97; 124
2 Kor 12,17-18 97; 124
2 Kor 12,18 92; 124
2 Kor 12,18a 93
2 Kor 12,20 58
2 Kor 13,1-3 99; 147
2 Kor 13,12 89; 98
2 Kor 13,13 147

Gal 1,2 126
Gal 1,7 135
Gal 2,5-10 130
Gal 2,9 131
Gal 2,10 102
Gal 2,11-13 131
Gal 5,11 125; 132; 135
Gal 5,20ff. 141; 149
Gal 5,24 125
Gal 6,11 47; 118
Gal 6,12-14 125

Eph 1,1 42
Eph 1,9 141; 149
Eph 6,21-22 93

Phil 1,13 35; 55
Phil 1,15.17 148
Phil 1,15-18 55
Phil 1,16-17 56

158

Phil 2,19-23   93
Phil 3,1-2   142; 149
Phil 3,2   148
Phil 4,22   55

Kol 4,7-9   93
Kol 4,16   57

1Thess 1,1-3   46
1Thess 3,2-5   93
1Thess 5,28   31; 46

2Thess 2,2   148
2Thess 3,17   47

Hb 13,22   112
Hb 13,22-25   148

1Tim 3,1b-7   67
1Tim 3,8-13   67
1Tim 5,3-16   67
1Tim 5,9-10   68
1Tim 5,17-22   67
1Tim 6,20   67

2Tim 4,13   54

Phm 1b-2   54

Antike Texte

Cicero
  AdAtt 11,24,2   51
  AdAtt 16,5,5   83
  AdFam 13   85
  AdQuintumFratrem
    3,1,17.19   52
Cyprian
  ep 61   86

ep 64   86
ep 70   101
ep 71   101
ep 71,1   104
ep 72   101
ep 73   101
ep 74   101
Eusebius von Cäsarea
  Historia ecclesiae
    6,14,2   144
    6,25,11.14   70
Ignatius
  IgnSmyrn 13,1   68
Nepos
  Atticus 25,16   145
P.Giess.bibl.21   53
P.Oxy 246   48

Bibelhandschriften

Byzantinische Rezen-
  sion   15-17; 23; 25; 37;
  43; 69; 143
Codex Alexandrinus
  (A 02)   19; 23; 37; 143
Codex Augiensis (F 010)
  28; 36f.; 62; 143
Codex Boernerianus
  (G 012)   26f.; 36f.; 62;
  143
Codex Claromontanus
  (D 06)   29; 36; 39; 62;
  81; 143
Codex Ephraemi Rescrip-
  tus (C 04)   20; 37; 143
Codex Sinaiticus (ℵ 01)
  20; 23; 37; 42; 81; 142

159

Codex Vaticanus (B 03)
22f.; 37; 39; 40-42; 81;
142
Minuskel 5   38; 40

Minuskel 794   39f.
p46   19; 29; 30-32; 36-38;
41; 63f.; 81

VERZEICHNIS DER ABBILDUNGEN

Abbildung 1: Typische Seite einer Ausgabe des griechischen Neuen Testamentes 13
Abbildung 2: Codex Ephraemi Rescriptus (C 04) 21
Abbildung 3: Codex Boernerianus (G 012) 27
Abbildung 4: Eph 1,1 im Codex Sinaiticus (ℵ 01) 42
Abbildung 5: Papyrus Oxyrhinchus 246 49
Abbildung 6: Chester Beatty Papyrus p46 64
Abbildung 7: Die Reise von Ephesus nach Korinth. ... 96

VERZEICHNIS DER TABELLEN

Tabelle 1: Die vier Sammlungseinheiten des Neuen Testamentes 24
Tabelle 2: Anzahl der griechischen Handschriften der Paulusbriefsammlung nach Inhalt geordnet . 26
Tabelle 3: P46: Paulusbriefe nach der Länge geordnet . 32
Tabelle 4: Die Reihenfolge der Paulusbriefe in den Handschriften 37
Tabelle 5: Weitere Reihenfolgen der Paulusbriefe in den Handschriften 40
Tabelle 6: Drei Entwicklungsstufen 77
Tabelle 7: Die Länge der Paulusbriefe 80

Lightning Source UK Ltd.
Milton Keynes UK
UKHW040709160223
417122UK00001B/252